# 唐诗宋词品玉录

金宝 著

文汇出版社

# 目录

# 序

## 上篇　补诗汇总

| | |
|---|---|
| 补王绩《野望》 | 003 |
| 补苏味道《正月十五夜》 | 003 |
| 补王勃《送杜少府之任蜀州》 | 003 |
| 补王勃《别薛华》 | 004 |
| 补王勃《山中》 | 004 |
| 补王勃《蜀中九日》 | 004 |
| 补宋之问《渡汉江》 | 004 |
| 补王之涣《登鹳雀楼》 | 005 |
| 补孟浩然《春晓》 | 005 |
| 补王湾《次北固山下》 | 005 |
| 补祖咏《终南望余雪》 | 005 |
| 补王维《送元二使安西》 | 006 |

补王维《九月九日忆山东兄弟》 006
补王维《竹里馆》 006
补王维《相思》 007
补王维《汉江临眺》 007
补王维《终南别业》 007
补王维《终南山》 007
补王维《酬张少府》 008
补王维《过香积寺》 008
补王维《辋川闲居赠裴秀才迪》 008
补王维《山居秋暝》 009
补王维《归嵩山作》 009
补李白《静夜思》 009
补李白《黄鹤楼送孟浩然之广陵》 009
补李白《望庐山瀑布》 010
补李白《闻王昌龄左迁龙标遥有此寄》 010
补李白《赠汪伦》 010
补李白《望天门山》 012
补李白《早发白帝城》 012
补李白《独坐敬亭山》 012
补李白《夜宿山寺》 012
补常建《题破山寺后禅院》 013
补杜甫《赠花卿》 013
补杜甫《江畔独步寻花·其五》 013
补杜甫《陪裴使君登岳阳楼》 014
补杜甫《去蜀》 014
补杜甫《八阵图》 014
补史青《应诏赋得除夜》 014
补柳中庸《征人怨》 015

| | |
|---|---|
| 补裴迪《送崔九》 | 015 |
| 补刘长卿《听弹琴》 | 015 |
| 补刘长卿《送灵澈上人》 | 016 |
| 补韩翃《寒食》 | 016 |
| 补张继《枫桥夜泊》 | 016 |
| 补刘方平《月夜》 | 016 |
| 补刘方平《春怨》 | 017 |
| 补岑参《行军九日思长安故园》 | 017 |
| 补岑参《春梦》 | 017 |
| 补高蟾《金陵晚望》 | 018 |
| 补韦应物《滁州西涧》 | 018 |
| 补韦应物《秋夜寄邱员外》 | 018 |
| 补戴叔伦《除夜宿石头驿》 | 018 |
| 补李益《夜上受降城闻笛》 | 019 |
| 补李益《从军北征》 | 019 |
| 补李益《边思》 | 019 |
| 补李益《听晓角》 | 020 |
| 补李益《度破讷沙二首·其二》 | 020 |
| 补李益《塞下曲·其一》 | 020 |
| 补李益《塞下曲·其二》 | 020 |
| 补孟郊《登科后》 | 021 |
| 补王建《雨过山村》 | 021 |
| 补张籍《成都曲》 | 021 |
| 补韩愈《早春呈水部张十八员外二首·其一》 | 022 |
| 补白居易《问刘十九》 | 022 |
| 补白居易《大林寺桃花》 | 022 |
| 补崔护《题都城南庄》 | 022 |
| 补元稹《离思五首·其四》 | 024 |

| | |
|---|---|
| 补贾岛《题李凝幽居》 | **024** |
| 补贾岛《寻隐者不遇》 | **024** |
| 补李贺《马诗二十三首·其五》 | **025** |
| 补李贺《南园十三首·其六》 | **025** |
| 补杜牧《清明》 | **025** |
| 补杜牧《江南春》 | **025** |
| 补杜牧《泊秦淮》 | **026** |
| 补杜牧《寄扬州韩绰判官》 | **026** |
| 补杜牧《过华清宫绝句三首·其一》 | **026** |
| 补杜牧《赠别二首·其一》 | **027** |
| 补杜牧《叹花》 | **027** |
| 补杜牧《赤壁》 | **027** |
| 补杜牧《山行》 | **027** |
| 补杜牧《将赴吴兴登乐游原一绝》 | **028** |
| 补赵嘏《赠别》 | **028** |
| 补赵嘏《寒塘》 | **028** |
| 补温庭筠《商山早行》 | **029** |
| 补李商隐《瑶池》 | **029** |
| 补李商隐《北齐二首》 | **029** |
| 补李商隐《贾生》 | **030** |
| 补李商隐《夜雨寄北》 | **030** |
| 补李商隐《登乐游原》 | **030** |
| 补李商隐《寄令狐郎中》 | **030** |
| 补贯休《春送僧》 | **031** |
| 补罗隐《自遣》 | **031** |
| 补罗隐《西施》 | **031** |
| 补罗隐《赠妓云英》 | **032** |
| 补罗隐《泪》 | **032** |

| 补罗隐《江北》 | 032 |
| 补高骈《山亭夏日》 | 032 |
| 补曹松《己亥岁感事》 | 033 |
| 补韦庄《台城》 | 033 |
| 补方干《题君山》 | 033 |
| 补杜荀鹤《送人游吴》 | 034 |
| 补杜荀鹤《将过湖南经马当山庙因书三绝》 | 034 |
| 补郑谷《淮上与友人别》 | 034 |
| 补欧阳修《答许发运见寄》 | 034 |
| 补李清照《夏日绝句》 | 036 |
| 补王安石《元日》并致诸友 | 036 |
| 补汤显祖《游黄山白岳不果》 | 036 |
| 补王士禛《真州绝句》 | 037 |
| 补黄遵宪《题梁任父同年》 | 037 |

## 下篇　用韵诗汇总

| 修行偈 | 041 |
| 韶天 | 041 |
| 乾坤叹 | 042 |
| 观照 | 042 |
| 香事 | 043 |
| 南山南 | 043 |
| 无间道 | 044 |
| 千山秋雨 | 044 |
| 望月 | 044 |
| 大千歌 | 045 |
| 月下空酌 | 045 |
| 黄鹤楼吊崔颢 | 046 |

| | |
|---|---|
| 红山 | **047** |
| 春碑 | **047** |
| 禹初 | **048** |
| 王侯 | **048** |
| 少陵 | **049** |
| 百年 | **049** |
| 野望 | **051** |
| 八斗 | **051** |
| 乌桐 | **052** |
| 买酒 | **052** |
| 破界 | **053** |
| 雨水 | **053** |
| 梵歌行 | **054** |
| 吊古 | **055** |
| 客宿 | **055** |
| 千山初雨 | **056** |
| 千山雨水 | **056** |
| 千山西阁 | **057** |
| 千山三境苑 | **057** |
| 终南员外 | **058** |
| 星河谣 | **058** |
| 秦淮河 | **059** |
| 秋风 | **059** |
| 天道 | **061** |
| 金陵 | **061** |
| 石头城 | **062** |
| 建康吟 | **062** |
| 南山铭 | **062** |

| | |
|---|---|
| 始闻春风 | 063 |
| 酬孔方兄雅逢见赠 | 063 |
| 金陵怀古 | 064 |
| 花非花 | 064 |
| 戊戌大雪 | 065 |
| 采石矶 | 065 |
| 致元稹 | 065 |
| 拟悲怀三首 | 066 |
| 诗鬼谣 | 067 |
| 苦昼长 | 068 |
| 金狄长生歌 | 069 |
| 咸阳吊古 | 069 |
| 李白 | 071 |
| 江东 | 071 |
| 探春词 | 072 |
| 弦歌 | 072 |
| 天炉 | 073 |
| 银川 | 073 |
| 剑阁 | 074 |
| 河西吊古 | 074 |
| 浪淘沙令·家国 | 075 |
| 浪淘沙·秦淮 | 075 |
| 浪淘沙·人间 | 076 |
| 虞美人·人生易了 | 076 |
| 蝶恋花·伤春 | 077 |
| 破阵子·商女 | 077 |
| 蝶恋花·词工 | 078 |
| 鹤冲天·靖康事 | 078 |

| | |
|---|---|
| 雨霖铃·燕宴 | 079 |
| 忆帝京·晚来 | 081 |
| 鹤冲天·千山 | 081 |
| 苏幕遮·家山 | 082 |
| 渔家傲·唐庄 | 082 |
| 千秋岁·啼鸠 | 083 |
| 浣溪沙·两宋 | 083 |
| 浣溪沙·闲人 | 084 |
| 浣溪沙·鬼人 | 084 |
| 清平乐·美泉宫 | 084 |
| 浣溪沙·雪村 | 085 |
| 天语 | 085 |
| 渔家傲·朝云 | 086 |
| 菩萨蛮·山人 | 086 |
| 清平乐·菊花 | 087 |
| 念奴娇·中秋怀古 | 087 |
| 西江月·天心 | 088 |
| 鹧鸪天·荷色 | 089 |
| 临江仙·大宋 | 089 |
| 西江月·执念 | 091 |
| 蝶恋花·前朝 | 091 |
| 蝶恋花·桃花庵 | 092 |
| 浣溪沙·铁公鸡 | 092 |
| 临江仙·南浔 | 092 |
| 题东林壁 | 093 |
| 永遇乐·过客 | 093 |
| 招魂 | 094 |
| 定风波·春湖 | 095 |

| | |
|---|---|
| 定风波·北冥题赠香山胡先生 | **095** |
| 洞仙歌·男儿 | **096** |
| 定风波·彼岸 | **096** |
| 水龙吟·千山香岩寺寄宿 | **097** |
| 临江仙·寄雪 | **097** |
| 鹧鸪天·余生 | **098** |
| 鹧鸪天·琴台 | **098** |
| 朱弦 | **099** |
| 青玉案·千山 | **099** |
| 快阁约 | **101** |
| 浣溪沙·南山 | **101** |
| 减字木兰花·放过 | **102** |
| 浣溪沙·山居 | **102** |
| 踏莎行·旅夜 | **102** |
| 满庭芳·千山 | **103** |
| 好事近·日月 | **104** |
| 青玉案·山中 | **104** |
| 卖花声·千山 | **105** |
| 夜游宫·中年 | **105** |
| 六丑·大晟词 | **106** |
| 六丑·过客 | **106** |
| 蝶恋花·春社 | **107** |
| 好事近·暑中 | **108** |
| 西江月·入定 | **108** |
| 西江月·因果 | **109** |
| 鹧鸪天·柳郎 | **109** |
| 鹧鸪天·宋事 | **111** |
| 一剪梅·天命 | **111** |

| | |
|---|---|
| 南歌子·刑衣 | 112 |
| 声声慢·无非 | 112 |
| 一剪梅·春时 | 113 |
| 南歌子·木鱼 | 113 |
| 如梦令·春酒 | 114 |
| 踏莎行·雪梅 | 114 |
| 踏莎行·春月 | 115 |
| 书愤 | 115 |
| 木兰花·立春 | 116 |
| 清明 | 116 |
| 山居 | 117 |
| 千山暮雪 | 117 |
| 浪淘沙·问道 | 117 |
| 鹧鸪天·星河 | 118 |
| 丑奴儿·老秋 | 118 |
| 鹧鸪天·自由 | 119 |
| 西江月·秋水 | 121 |
| 青玉案·松柏 | 121 |
| 沁园春·祭酒 | 122 |
| 水龙吟·清明抒怀 | 122 |
| 水龙吟·沈园 | 123 |
| 水龙吟·天外 | 123 |
| 水龙吟·抒怀 | 124 |
| 鹧鸪天·庚子立春 | 125 |
| 永遇乐·横道河子 | 125 |
| 鹧鸪天·诗坛 | 126 |
| 永遇乐·遣兴 | 126 |
| 太常引·回头 | 127 |

| | |
|---|---|
| 丑奴儿·既望 | 127 |
| 摸鱼儿·金刚 | 128 |
| 汉宫春·问道 | 128 |
| 贺新郎·君子 | 129 |
| 致雪春 | 131 |
| 鹊桥仙·做你 | 131 |
| 鹊桥仙·说誓 | 132 |
| 醉花阴·无花 | 132 |
| 唐多令·悠游 | 133 |
| 贺新郎·雪夜 | 133 |
| 玉楼春·北望 | 134 |
| 沁园春·沙昙 | 134 |
| 临江仙·千山 | 135 |
| 临江仙·北邙 | 136 |
| 夜游宫·酒歌 | 136 |
| 鹧鸪天·家山 | 137 |
| 莺啼序·黄鹤游 | 137 |
| 夜游宫·春眠 | 138 |
| 虞美人·流年 | 139 |
| 沁园春·芥雨轩 | 139 |
| 虞美人·当年 | 141 |
| 天净沙·白石 | 141 |
| 咏史 | 142 |
| 三台 | 142 |
| 临江仙·比泪 | 143 |
| 临江仙·鸿沟 | 143 |
| 哀容若 | 144 |
| 浣溪沙·衰年 | 144 |

虞美人·静庵诔 145
蝶恋花·静庵叹 145
浣溪沙·闲人 146
蝶恋花·悼静安 146

# 序

　　写诗之于我，与吃饭、喝水、睡觉、呼吸一样，是生命的本能与自觉，是活着的证明。

　　百年亦须臾，诗诚不朽。商周以降，惟唐宋登峰造极乎？亦是亦非也。吾自比唐宋，忝列其中，尤不尽意。乃操刀修补之，吞风云吐块垒，快哉快哉。

　　有唐以来，操刀之徒，惟吾一人尔。但吾身后，其谁与归？

　　身与名皆碍，气如格自安。是非不关己，百味只成酸。

　　　　　　　　　辛丑白露自署于千山芥雨轩

# 上篇 补诗汇总

## 补王绩《野望》

酒醒东皋薄暮望,老来徙倚欲何依。
终南树树皆秋色,关北山山唯落晖。
粗葛牧人驱犊返,红缨猎马带禽归。
城门相顾无相识,忽听长歌怀采薇。

## 补苏味道《正月十五夜》

依稀火树银花合,毕竟星桥铁锁开。
千街暗尘随马去,一团明月逐人来。
南庄游伎皆秾李,春苑行歌尽落梅。
圣殿金吾不禁夜,仙宫玉漏莫相催。

## 补王勃《送杜少府之任蜀州》

汉家城阙辅三秦,晋国风烟望五津。
今日与君离别意,当年同是宦游人。
若非海内存知己,何不天涯若比邻。
莫言无为在歧路,莫学儿女共沾巾。

## 补王勃《别薛华》

每期送送多穷路,欲别遑遑独问津。
已是悲凉千里道,何妨凄断百年身。
更无心事同漂泊,只剩生涯共苦辛。
问我无论去与往,与君俱是梦中人。

## 补王勃《山中》

我自长江悲已滞,君当万里念将归。
秋来况属高风晚,只见山山黄叶飞。

## 补王勃《蜀中九日》

九月九日望乡台,他席他乡送客杯。
锦鸟霜桐添薄命,巴山蜀水延愁怀。
人情已厌南中苦,鸿雁那从北地来。
万里隔音飞不渡,相思一寸一层哀。

## 补宋之问《渡汉江》

岭外音书绝,经冬复历春。
滔滔江汉水,厌厌故园心。
风笛曾惊梦,山花正索魂。
近乡情更怯,不敢问来人。

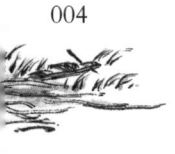

## 补王之涣《登鹳雀楼》

天津分蒲坂，此地是中州。
白日依山尽，黄河入海流。
欲穷千里目，更上一层楼。
羽化追风鹳，栖云作浪游。

## 补孟浩然《春晓》

春眠不觉晓，处处闻啼鸟。
才知薄雾轻，欲褪寒衣早。
客路已迢迢，家山空渺渺。
夜来风雨声，花落知多少。

## 补王湾《次北固山下》

别家客路青山外，辞馆行舟绿水前。
京口潮平两岸阔，瓜州风正一帆悬。
广陵海日生残夜，故国江春入旧年。
莫问乡书何处达？几回归雁洛阳边。

## 补祖咏《终南望余雪》

终南阴岭秀，积雪浮云端。
林表明霁色，城中增暮寒。

家书隔年到，皇榜经岁还。
不知行卷事，白首亦堪怜。

## 补王维《送元二使安西》

渭城朝雨浥轻尘，客舍青青柳色新。
眼里佛天皆忍泪，风中羌笛各招魂。
劝君更尽一杯酒，西出阳关无故人。

## 补王维《九月九日忆山东兄弟》

独在异乡为异客，每逢佳节倍思亲。
辋川只在云中约，永济当留梦里吟。
御史衙门难报国，状元府第亦伤心。
遥知兄弟登高处，遍插茱萸少一人。

## 补王维《竹里馆》

独坐幽篁里，弹琴复长啸。
音非大晟音，调是无情调。
只与竹根和，那堪湖水妙。
深林人不知，明月来相照。

## 补王维《相思》

红豆生南国,春来发几枝。
愿君多采撷,此物最相思。
红豆一入心,相思已入骨。
红豆送何人,粉泪两扑簌。

## 补王维《汉江临眺》

南来楚塞三湘接,东望荆门九派通。
浩荡江流天地外,苍茫山色有无中。
云开郡邑浮前浦,风涌波澜动远空。
回首襄阳好风日,依依留醉与山翁。

## 补王维《终南别业》

莫言中岁颇好道,竟似晚家南山陲。
可怜兴来每独往,依稀胜事空自知。
岂能行到水穷处,不如坐看云起时。
辋川偶然值林叟,月下谈笑无还期。

## 补王维《终南山》

秦时太乙近天都,汉地连山接海隅。
杳杳白云回望合,飘飘青霭入看无。

东来分野中峰变，西生阴晴众壑殊。
向晚欲投人处宿，只需隔水问樵夫。

### 补王维《酬张少府》

老子晚年唯好静，陶翁万事不关心。
孔丘自顾无长策，诸葛空知返旧林。
左思松风吹解带，嵇康山月照弹琴。
青莲君问穷通理，处士渔歌入浦深。

### 补王维《过香积寺》

城里不知香积寺，南行数里入云峰。
参天古木无人径，入野深山何处钟。
台下泉声咽危石，门前日色冷青松。
欲闻薄暮空潭曲，仍须安禅制毒龙。

### 补王维《辋川闲居赠裴秀才迪》

八月寒山转苍翠，山家秋水日潺湲。
君曾倚杖柴门外，我正临风听暮蝉。
竹海渡头余落日，松涛墟里上孤烟。
但能复值接舆醉，醉后狂歌五柳前。

## 补王维《山居秋暝》

太乙空山新雨后,辋川天气晚来秋。
一宵明月松间照,万眼清泉石上流。
何处竹喧归浣女,几家莲动下渔舟。
幽然随意春芳歇,馆里王孙自可留。

## 补王维《归嵩山作》

到处清川带长薄,如今车马去闲闲。
眼前流水如有意,屋后暮禽相与还。
东野荒城临古渡,西天落日满秋山。
无心迢递嵩高下,岭上归来且闭关。

## 补李白《静夜思》

床前明月光,疑是地上霜。
举头望明月,低头思故乡。
离家四五月,泪下两三行。
遥乞一杯酒,为逐月华凉。

## 补李白《黄鹤楼送孟浩然之广陵》

故人西辞黄鹤楼,烟花三月下扬州。
孤帆远影碧空尽,惟见长江天际流。

天际悠悠终不尽,人生代代复何求。
扬州黄鹤十万贯,难买仙人一身愁。

## 补李白《望庐山瀑布》

日照香炉生紫烟,遥看瀑布挂前川。
飞流直下三千尺,疑是银河落九天。
九天千尺落不完,与君同作泪中仙。
云雾隐约飘白发,随风散作五湖官。

## 补李白《闻王昌龄左迁龙标遥有此寄》

杨花落尽子规啼,闻道龙标过五溪。
我寄愁心与明月,随风直到夜郎西。
夜郎西去数千里,山高水长泪空洗。
纵有玉壶冰似水,不如我比君先死。

## 补李白《赠汪伦》

李白乘舟将欲行,忽闻岸上踏歌声。
桃花潭水深千尺,不及汪伦送我情。
金簪为换插花笑,玉笛横吹出月明。
我欲桃花酿美酒,清江万里汪伦名。

## 补李白《望天门山》

天门中断楚江开，碧水东流至此回。
两岸青山相对出，孤帆一片日边来。
雨山湖上千年事，采石矶头万古才。
不醉不能消寂寞，只留明月肯相埋。

## 补李白《早发白帝城》

朝辞白帝彩云间，千里江陵一日还。
白帝庙前三峡小，江陵月下五湖宽。
大江东去悲歌壮，飞雪西来好梦难。
两岸猿声啼不住，轻舟已过万重山。

## 补李白《独坐敬亭山》

归葬玉真前，枯心对素颜。
千峰输太白，七月别长安。
众鸟高飞尽，孤云独去闲。
相看两不厌，只有敬亭山。

## 补李白《夜宿山寺》

危楼高百尺，手可摘星辰。
寻得一壶酒，吹开万国春。

君曾攀桂月，我自卧天门。
不敢高声语，恐惊天上人。

## 补常建《题破山寺后禅院》

江浣清晨入古寺，云头初日照高林。
过溪曲径通幽处，夹壁禅房花木深。
自在山光悦鸟性，往来潭影空人心。
归帆万籁此都寂，岛上但余钟磬音。

## 补杜甫《赠花卿》

锦城丝管日纷纷，半入江风半入云。
抚国何须诸葛亮，当垆只有卓文君。
东门雨尽方消泪，西岭花开未到春。
此曲只应天上有，人间能得几回闻。

## 补杜甫《江畔独步寻花·其五》

黄师塔前江水东，春光懒困倚微风。
廊桥出脊偏头凤，矮寨长杆吊角龙。
壁上巴人吹调满，村头羌竹倚云空。
桃花一簇开无主，可爱深红爱浅红？

## 补杜甫《陪裴使君登岳阳楼》

洞庭湖阔兼云雾,岳阳楼孤属晚晴。
何必礼加徐孺子,不如诗接谢宣城。
东吴雪岸丛梅发,西岭春泥百草生。
垂老敢违渔父问,君儿从此更南征。

## 补杜甫《去蜀》

草堂五载客蜀郡,剑阁一年居梓州。
河北如何关塞阻,江东转作潇湘游。
洛阳世事已黄发,奉节残生随白鸥。
渭水安危大臣在,潼关不必泪长流。

## 补杜甫《八阵图》

小隐隐茅庐,麻衣羽扇孤。
命应守巴蜀,意岂在樵苏。
功盖三分国,名成八阵图。
江流石不转,遗恨失吞吴。

## 补史青《应诏赋得除夜》

应怜今岁今宵尽,却喜明年明日催。
陇右寒随一夜去,城南春逐五更来。

山河气色空中改,家小容颜暗里回。
自是风光人不觉,些微已著后园梅。

## 补柳中庸《征人怨》

岁岁金河复玉关,朝朝马策与刀环。
三春白雪归青冢,万里黄河绕黑山。
右玉岭横杀胡口,平城兵败乞朝天。
征人出发三十万,只见荒丘白骨还。

## 补裴迪《送崔九》

中道更无为,心意在云水。
归山深浅去,须尽丘壑美。
松衣领袖湿,脚下白云起。
莫学武陵人,暂游桃源里。

## 补刘长卿《听弹琴》

泠泠七弦上,静听松风寒。
鹤随明月去,石上煮幽泉。
竹影清霜洁,空山只有禅。
古调虽自爱,今人多不弹。

## 补刘长卿《送灵澈上人》

苍苍竹林寺,杳杳钟声晚。
薄云分野径,青山独归远。
荷笠带斜阳,雨后无人管。

## 补韩翃《寒食》

春城无处不飞花,寒食东风御柳斜。
可惜龙颜空宝座,原来国色在天涯。
金冠银佩尤虚戴,玉带紫袍岂足夸。
日暮汉宫传蜡烛,轻烟散入五侯家。

## 补张继《枫桥夜泊》

月落乌啼霜满天,江枫渔火对愁眠。
馆娃宫木添新椟,子胥城头望旧关。
一代风流空雨巷,几回云下见桃庵。
姑苏城外寒山寺,夜半钟声到客船。

## 补刘方平《月夜》

更深月色半人家,北斗阑干南斗斜。
不觉凉风惊玉兔,应知薄雾湿梅花。
但随大社朝天表,管领丰坛乞物华。
今夜偏知春气暖,虫声新透绿窗纱。

## 补刘方平《春怨》

纱窗日落渐黄昏,金屋无人见泪痕。
宫里应知宫里事,一时自有一时春。
几个箫管和弦管,多少新人换旧人。
寂寞空庭春欲晚,梨花满地不开门。

## 补岑参《行军九日思长安故园》

汉将拜云台,青骢赏俊才。
胡尘多洗泪,羌笛不吹哀。
强欲登高去,无人送酒来。
遥怜故园菊,应傍战场开。

## 补岑参《春梦》

洞房昨夜春风起,故人尚隔湘江水。
枕上片时春梦中,行尽江南数千里。
汉阳东湖五月花,安庆菱角黄梅子。
南浔巨象小莲庄,西施五泄画诸暨。
江南江北梦魂通,梦魂如今空复空。
玲珑月下飞天影,江水滔滔只向东。
归来却教落初红,簌簌凝脂泪饮风。
将子于飞长相忆,夜夜遥怜广寒宫。

## 补高蟾《金陵晚望》

采石矶前吊月明,溯游江上望金陵。
千帆隐隐沙鸥浪,万壑滔滔柘屋风。
曾伴浮云归晚翠,犹陪落日泛秋声。
世间无限丹青手,一片伤心画不成。

## 补韦应物《滁州西涧》

独怜幽草涧边生,上有黄鹂深树鸣。
满壑风流一天墨,环滁云拍数峰青。
春潮带雨晚来急,野渡无人舟自横。
莫放城西佳日过,苍颜太守慰生平。

## 补韦应物《秋夜寄邱员外》

怀君属秋夜,寒露转霜间。
分茶添瑞脑,散步咏凉天。
山空松子落,月净鹧鸪闲。
风敲五更磬,幽人应未眠。

## 补戴叔伦《除夜宿石头驿》

秣陵旅馆谁相问,淮水寒灯独可亲。
眼里一年将尽夜,心头万里未归人。

也曾寥落悲前事,无那支离笑此身。
且醉愁颜与衰鬓,管他明日又逢春。

## 补李益《夜上受降城闻笛》

碛枕冰衾地作床,谁家特肯种胡杨。
金雕已向层天去,旱獭曾从废井昂。
回乐烽前沙似雪,受降城外月如霜。
不知何处吹芦管,一夜征人尽望乡。

## 补李益《从军北征》

天山雪后海风寒,横笛偏吹行路难。
玉岭高飞张掖雁,冰轮共镇武威川。
金城朔草方柔骨,大漠胡杨正苦颜。
碛里征人三十万,一时回首月中看。

## 补李益《边思》

腰垂锦带佩吴钩,走马曾防玉塞秋。
莫笑关西将家子,堪羞邝北旧王侯。
千年风雨千年泪,一寸山河一寸忧。
且把霜颜归社稷,只将诗思入凉州。

### 补李益《听晓角》

边霜昨夜堕关榆,吹角当城汉月孤。
可汗貂裘分五色,流民柴骨弃三渠。
若能红柳夸颜色,但使苍鹰画版图。
无限塞鸿飞不度,秋风卷入小单于。

### 补李益《度破讷沙二首·其二》

瀚海冰轮雁正飞,已随玉册又随旗。
三军投死原无罪,万国朝天各有机。
破讷沙头人已老,鸊鹈泉上战初归。
平明日出东南地,满碛寒光生铁衣。

### 补李益《塞下曲·其一》

蕃州部落能结束,朝暮驰猎黄河曲。
燕歌未断塞鸿飞,牧马群嘶边草绿。
一去长安羌骨归,再逢公主胡尘宿。
边愁各自怨君王,纵是冤家犹句句。

### 补李益《塞下曲·其二》

伏波惟愿裹尸还,定远何须生入关。
莫遣只轮归海窟,仍留一箭射天山。

受降城外千秋雪,封朔云中万里烟。
永夜寒笳吹不断,黄沙杨柳月牙泉。

## 补孟郊《登科后》

昔日龌龊不足夸,今朝放荡思无涯。
孙山名后无行卷,李府堂前各拜衙。
紫气满城皆大醉,朱砂皇榜好还家。
春风得意马蹄疾,一日看尽长安花。

## 补王建《雨过山村》

雨里鸡鸣一两家,竹溪村路板桥斜。
白溪撞入青溪里,黑狗背着黄狗妈。
下谷流莺衔蚂蚱,东邻稚子种丝瓜。
妇姑相唤浴蚕去,闲着中庭栀子花。

## 补张籍《成都曲》

一向成都知不足,为君戏作成都曲。
锦江近西烟水绿,新雨山头荔枝熟。
千朵万朵压枝低,黄四娘家倚修竹。
万里桥边多酒家,游人爱向谁家宿。

## 补韩愈《早春呈水部张十八员外二首·其一》

天街小雨润如酥,草色遥看近却无。
小雁园中梅破晓,曲江池畔凤含珠。
千家店铺皆金市,万国衣冠尽紫服。
最是一年春好处,绝胜烟柳满皇都。

## 补白居易《问刘十九》

朱雀入天衢,曲江尽画图。
衙堂皆冷净,官爷各离疏。
绿蚁新醅酒,红泥小火炉。
晚来天欲雪,能饮一杯无?

## 补白居易《大林寺桃花》

人间四月芳菲尽,山寺桃花始盛开。
野路横行需境远,村溪直下比心乖。
眼前茅舍如禅舍,身后仙台似鬼台。
长恨春归无觅处,不知转入此中来。

## 补崔护《题都城南庄》

去年今日此门中,人面桃花相映红。
人面不知何处去,桃花依旧笑春风。

风阄云白立天，暖气和於室。无意自逢君，起拂入山琴。

绛娘命比桃花薄,崔护心如春梦空。
彩笔莫题桃花扇,重来已是老病翁。

## 补元稹《离思五首·其四》

梓州千里谢红裙,自作西厢才子身。
取次花丛懒回顾,流连官府易登临。
曾经沧海难为水,除却巫山不是云。
莫怪元和无好咏,半缘修道半缘君。

## 补贾岛《题李凝幽居》

客舍闲居少邻并,鸡豚草径入荒园。
谁家鸟宿池边树,那个僧敲月下门。
暮霭过桥分野色,松风移石动云根。
浮萍暂去还来此,挂席幽期不负言。

## 补贾岛《寻隐者不遇》

松下问童子,言师采药去。
只在此山中,云深不知处。
药不治长生,人比松先死。
恍惚隔世人,可期不可遇。

## 补李贺《马诗二十三首·其五》

汉使别龙州，北风出蜃楼。
只闻天地哭，不见鬼神愁。
大漠沙如雪，燕山月似钩。
何当金络脑，快走踏清秋。

## 补李贺《南园十三首·其六》

寻章摘句老雕虫，晓月当帘挂玉弓。
纵使堂前双惜别，无非地下一相逢。
论名只在牙期后，修史难随司马中。
不见年年辽海上，文章何处哭秋风？

## 补杜牧《清明》

清明时节雨纷纷，路上行人欲断魂。
东蒲黄河牛有泪，西厢乌鹊草无根。
恍惚别梦捏宫扇，萧索骑驴入剑门。
借问酒家何处有？牧童遥指杏花村。

## 补杜牧《江南春》

千里莺啼绿映红，水村山郭酒旗风。
扬州恨在长江北，花月应随大海东。

离黍孤魂翻作诔,行歌迁客枉穷通。
南朝四百八十寺,多少楼台烟雨中。

## 补杜牧《泊秦淮》

乌衣巷口夕阳斜,朱雀桥边草发芽。
阙入青云城入汉,烟笼寒水月笼沙。
朝闻梁宋埋荒冢,夜泊秦淮近酒家。
商女不知亡国恨,隔江犹唱后庭花。

## 补杜牧《寄扬州韩绰判官》

朝阳殿里又魂销,奉旨离京一叶飘。
比泪潸潸家渺渺,青山隐隐水迢迢。
雁归岭外花争谢,秋尽江南草未凋。
二十四桥明月夜,玉人何处教吹箫?

## 补杜牧《过华清宫绝句三首·其一》

长安回望绣成堆,山顶千门次第开。
一骑红尘妃子笑,无人知是荔枝来。
美人生就荔枝胎,带雨梨花湿粉腮。
轻腰便能轻天下,长使英雄泪满怀。

## 补杜牧《赠别二首·其一》

娉娉袅袅十三余,豆蔻梢头二月初。
画骨一丝能更少,描魂万遍也偏无。
春风十里扬州路,秋雨千年望海蓂。
卷上珠帘香依似,青楼玉殿总不如。

## 补杜牧《叹花》

洛阳应许占花魁,天下谁人最惜诗。
原似流连开锦扇,不须惆怅怨芳时。
何劳闲梦醒方早,自是寻春去校迟。
狂风落尽深红色,绿叶成阴子满枝。

## 补杜牧《赤壁》

折戟沉沙铁未销,自将磨洗认前朝。
东风不与周郎便,铜雀春深锁二乔。
已绝长江千里恨,请随东海万年潮。
望尽苍茫连广宇,倾天撼地卷狂飙。

## 补杜牧《山行》

远上寒山石径斜,白云生处有人家。
停车坐爱枫林晚,霜叶红于二月花。

和尚未曾寻道士，闲官总爱乞新茶。
吟风弄月玩诗笔，莫怪年光似有涯。

## 补杜牧《将赴吴兴登乐游原一绝》

不歌不泪赴吴兴，千里迢迢纵马行。
醉里贪欢尤舍命，清时有味是无能。
来从司马去从燕，闲爱孤云静爱僧。
欲把一麾江海去，乐游原上望昭陵。

## 补赵嘏《赠别》

水边秋草暮萋萋，欲驻残阳恨马蹄。
曾是管弦同醉伴，奈何嫁作别人妻。
世君管似青娥影，横水莫非老病时。
心苦如今真及第，一声歌尽各东西。

## 补赵嘏《寒塘》

故国三千里，云游四五周。
知音都作古，老子未封侯。
晓发梳临水，寒塘坐见秋。
乡心正无限，一雁度南楼。

## 补温庭筠《商山早行》

商山晨起动征铎,倦客孤行悲故乡。
身后鸡声茅店月,眼前人迹板桥霜。
无情槲叶落山路,有意枳花明驿墙。
昨夜因思杜陵梦,今朝凫雁满回塘。

## 补李商隐《瑶池》

瑶池阿母绮窗开,黄竹歌声动地哀。
耐得天山冰似玉,修成云柏果含胎。
白圭玄璧相交锦,帝女天民共种槐。
八骏日行三万里,穆王何事不重来。

## 补李商隐《北齐二首》

一笑相倾国便亡,何劳荆棘始堪伤。
小怜玉体横陈夜,已报周师入晋阳。
东都西都开封府,国事家事兰陵王。
美人误国千般罪,不饬书家笔下忙。

巧笑知堪敌万几,倾城最在著戎衣。
晋阳已陷休回顾,更请君王猎一围。
猎物如今成主上,奴家只再画蛾眉。
温柔乡是英雄冢,累累沙丘放过谁。

## 补李商隐《贾生》

宣室求贤访逐臣，贾生才调更无伦。
长沙曾是谁家国，鹏鸟重来换主人。
周勃生前犹扰扰，邓通死后更纷纷。
可怜夜半虚前席，不问苍生问鬼神。

## 补李商隐《夜雨寄北》

君问归期未有期，巴山夜雨涨秋池。
香云未解徘徊眼，丹桂空闲寂寞枝。
梦里堂前栖燕子，醒来屋后打黄鹂。
何当共剪西窗烛，却话巴山夜雨时。

## 补李商隐《登乐游原》

向晚意不适，驱车登古原。
五陵生桧柏，八骏逸风尘。
欲听胡羌笛，已无龙凤军。
夕阳无限好，只是近黄昏。

## 补李商隐《寄令狐郎中》

嵩云秦树久离居，双鲤迢迢一纸书。
我负郎中应共有，郎中负我却偏无。

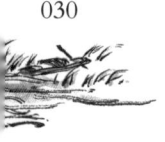

曾经沧海操叉怪,除却巫山变脸猢。
休问梁园旧宾客,茂陵秋雨病相如。

## 补贯休《春送僧》

一寸山河一寸金,无劳行作苦穷吟。
兰舟渺渺台城冷,蜀魄关关花雨深。
怜我别家逢处士,送师冲雨到江浔。
不能更折江头柳,自有青青松柏心。

## 补罗隐《自遣》

得即高歌失即休,多愁多恨亦悠悠。
今朝有酒今朝醉,明日愁来明日愁。
社稷不惟天子事,丹青须共稻粱谋。
几家欢乐几家哭,又是斜阳照晚舟。

## 补罗隐《西施》

家国兴亡自有时,吴人何苦怨西施。
西施若解倾吴国,越国亡来又是谁。
食色莫非真性也,江山无用尽由之。
天长地久有时尽,此恨绵绵无绝期。

### 补罗隐《赠妓云英》

钟陵醉别十余春,重见云英掌上身。
前度萧郎才寞寞,谁家公子已纷纷。
长安垂柳能攀贵,冀轸夕阳但薄恩。
我未成名君未嫁,可能俱是不如人。

### 补罗隐《泪》

逼脸横颐咽复匀,也曾谗毁也伤神。
自从鲁国潸然后,不是奸人即妇人。
上殿趋随丞相府,开箱验取石榴裙。
李家天下谁天下,奸妇何曾负至尊。

### 补罗隐《江北》

废宫荒苑莫闲愁,成败终须要彻头。
一种风流一种死,万般气数万般羞。
江山历历情难断,日月滔滔恨未休。
南渡衣冠真北望,朝歌争得似扬州。

### 补高骈《山亭夏日》

绿树阴浓夏日长,楼台倒影入池塘。
水晶帘动微风起,蝴蝶魂飞阵雨忙。

已倦宦游辞馆驿，常思阁老借书房。
青藤依旧摇蒲扇，满架蔷薇一院香。

## 补曹松《己亥岁感事》

泽国江山入战图，生民何计乐樵苏。
白头进士仍年少，细雨骑驴至此无。
九月花开金甲第，十年剑冷旧皇都。
凭君莫话封侯事，一将功成万骨枯。

## 补韦庄《台城》

江雨霏霏江草齐，六朝如梦鸟空啼。
啼时莫惊春梦醒，醒来莫唱玉郎儿。
玉郎一去辽天远，夜夜奴家练补衣。
无情最是台城柳，依旧烟笼十里堤。

## 补方干《题君山》

曾于方外见麻姑，闻说君山自古无。
元是昆仑山顶石，海风吹落洞庭湖。
谁书北海千封信，敢遣西风万里图。
自是诗人浑大胆，敢教后世尽迷糊。

## 补杜荀鹤《送人游吴》

只随君到姑苏见，百里人家尽枕河。
娃馆古宫闲地少，山塘水港小桥多。
东坊夜市卖菱藕，西阁春船载绮罗。
故国遥知未眠月，几回乡思在渔歌。

## 补杜荀鹤《将过湖南经马当山庙因书三绝》

人说马当波浪险，我经波浪似通衢。
大凡君子行藏是，自有龙神卫过湖。
孤鹜长天矶远别，滕王暮雨阁成墟。
闲云潭影悠悠日，物换星移总不如。

## 补郑谷《淮上与友人别》

扬子江头杨柳春，杨花愁杀渡江人。
一宵明月一宵雪，万里浮云万里心。
延酒排歌终翌日，深情苦语过良辰。
数声风笛离亭晚，君向潇湘我向秦。

## 补欧阳修《答许发运见寄》

琼花芍药世无伦，半是天生半是真。
蜀岗峰前多隐舍，平山堂上少风尘。

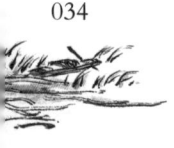

父山無夜雨，二夏又中秋，松比花間艷，雲從水上游。南山覺吉詩

已能清骨非贪色，偶不题诗便怨人。
曾向无双亭下醉，自知不负广陵春。

## 补李清照《夏日绝句》

早岁如香草，晚年类转蓬。
未期秋露白，又见夕阳红。
生当作人杰，死亦为鬼雄。
至今思项羽，不肯过江东。

## 补王安石《元日》并致诸友

爆竹声中一岁除，春风送暖入屠苏。
开心小鼠成仙子，如意红灯串宝珠。
遍野齐侪开律令，满城争个做花奴。
千门万户曈曈日，总把新桃换旧符。

## 补汤显祖《游黄山白岳不果》

家住临川老，才能徐遂休。
白头生意气，斜眼对王侯。
欲识金银气，多从黄白游。
一生痴绝处，无梦到徽州。

## 补王士禛《真州绝句》

江干多是钓人居,柳陌菱塘一带疏。
满寺香云飘碧瓦,半江红树卖鲈鱼。
东坡不识写经苦,宋瑞宁承奉使孤。
好是日斜风定后,渡江天马饮长途。

## 补黄遵宪《题梁任父同年》

寸寸山河寸寸金,侉离分裂力谁任。
杜鹃再拜忧天泪,精卫无穷填海心。
国难当头须大勇,时危济世即忠臣。
老夫拼却开疆事,不啻中华旧圣人。

# 下篇 用韵诗汇总

## 修行偈
### ——用法师韵

身是树中树,心如台外台。
无边亦无法,来去散尘埃。
有无都是树,在灭各空台。
只受身消业,复归明日埃。

### 附:神秀偈
身似菩提树,心如明镜台。
时时勤拂拭,勿使惹尘埃。

### 惠能偈
菩提本无树,明镜亦非台。
本来无一物,何处惹尘埃。

## 韶夭
### ——用骆宾王韵

黄土复黄土,黄泉已不深。
陶牲为尔祀,木俑对谁吟。

白月满中亏，青衣湿更沉。
天涯期未远，一寸老来心。

**附：在狱咏蝉（骆宾王原韵）**
西陆蝉声唱，南冠客思深。
不堪玄鬓影，来对白头吟。
露重飞难进，风多响易沉。
无人信高洁，谁为表予心？

## 乾坤叹
### ——用王维韵

乾坤朗朗本无尘，日出东方天地新。
劝君莫惜功名事，百代君王似故人。

**附：送元二使安西（王维原韵）**
渭城朝雨浥轻尘，客舍青青柳色新。
劝君更尽一杯酒，西出阳关无故人。

## 观照
### ——用王维韵

独坐红尘里，斗牛发天啸。
星外倩何人，来往相观照。

**附：竹馆里（王维原韵）**

独坐幽篁里，弹琴复长啸。
深林人不知，明月来相照。

# 香事
——用王维韵

天街小雨沥风尘，春尽花期已不新。
滴滴无关心上草，奈何香事奈何人。

**附：送元二使安西（王维原韵）同前，略**

# 南山南
——用王维韵

谁道南山远，只在天之陲。
采菊陶令好，礼佛摩诘知。
有路如无路，来时是去时。
相看两不厌，生死已同期。

**附：终南别业（王维原韵）**

中岁颇好道，晚家南山陲。
兴来每独往，胜事空自知。
行到水穷处，坐看云起时。
偶然值林叟，谈笑无还期。

## 无间道
### ——用王维韵

碧空无影亦无尘,月下浮光更着新。
别诗弃酒去何往,都是天涯行路人。

**附:送元二使安西(王维原韵)同前,略**

## 千山秋雨
### ——用王维韵

千山无尽雨,一夏到中秋。
松比花间艳,云从水上流。
气蒸洪泽梦,风动碧莲舟。
飘渺群峰影,仙人幸可留。

**附:山居秋暝(王维原韵)**
空山新雨后,天气晚来秋。
明月松间照,清泉石上流。
竹喧归浣女,莲动下渔舟。
随意春芳歇,王孙自可留。

## 望月
### ——用李白韵

明月本无光,婆娑似有霜。
相约明镜下,他乡是故乡。

**附：静夜思（李白原韵）**
床前明月光，疑是地上霜。
举头望明月，低头思故乡。

## 大千歌
### ——用李白韵

生死无非一大千，几根瘦骨不值钱。
呼云唤月似等闲，一杯一杯已超然。
仗剑东游川复川，明皇无奈访空山。
管教人间降谪仙，一日飞渡天门边。
行不难，行不难，骨成灰，名犹在。
扫尽长安名利客，红尘滚滚填东海。

**附：行路难·其一（李白原韵）**
金樽清酒斗十千，玉盘珍羞直万钱。
停杯投箸不能食，拔剑四顾心茫然。
欲渡黄河冰塞川，将登太行雪满山。
闲来垂钓碧溪上，忽复乘舟梦日边。
行路难，行路难，多歧路，今安在？
长风破浪会有时，直挂云帆济沧海。

## 月下空酌
### ——用李白韵

太白一壶酒，独与吾相亲。
吾自孤明月，白亦谪仙人。

高露染秋痕，有骨却无身。
魂游在天外，聊赠半霄春。
醉眼山河轻，飞靴长安乱。
歧路莫相逢，乘风多聚散。
各自不同期，万古垂星汉。

### 附：月下独酌四首·其一（李白原韵）

花间一壶酒，独酌无相亲。
举杯邀明月，对影成三人。
月既不解饮，影徒随我身。
暂伴月将影，行乐须及春。
我歌月徘徊，我舞影零乱。
醒时同交欢，醉后各分散。
永结无情游，相期邈云汉。

## 黄鹤楼吊崔颢
### ——用崔颢韵

诗人已随黄鹤去，只留黄鹤一空楼。
万里长江仍淼淼，千年圣迹只悠悠。
如今天下风波净，算尔南来第几洲。
莫怪崔郎惆怅事，活人不见死人愁。

### 附：黄鹤楼（崔颢原韵）

昔人已乘黄鹤去，此地空余黄鹤楼，
黄鹤一去不复返，白云千载空悠悠，
晴川历历汉阳树，芳草萋萋鹦鹉洲，
日暮乡关何处是，烟波江上使人愁。

## 红山
——用杜甫韵

天地皆混沌,亿年已了了。
女娲炼彩石,伏羲交晨晓。
当做河梁猪,愿似朝阳鸟。
长生不可期,帝王应渺小。

**附:望岳(杜甫原韵)**
岱宗夫如何?齐鲁青未了。
造化钟神秀,阴阳割昏晓。
荡胸生曾云,决眦入归鸟。
会当凌绝顶,一览众山小。

## 春碑
——用杜甫韵

万古竟如一寸哀,乾坤斗转也空回。
江山野草悠悠去,块垒浮云沓沓来。
曾入黄泉轻史册,敢随白鹤弃仙台。
美人名马多情债,莫问何年祭酒杯。

**附:登高(杜甫原韵)**
风急天高猿啸哀,渚清沙白鸟飞回。
无边落木萧萧下,不尽长江滚滚来。
万里悲秋常作客,百年多病独登台。
艰难苦恨繁霜鬓,潦倒新停浊酒杯。

## 禹初
——用杜甫韵

华夏曾推大禹功,会稽山远立霄中。
天蓬元帅施蛮力,东海龙王息斗风。
碣石千层云正白,扶桑一片日初红。
应怜精卫犹衔木,不似后来老病翁。

### 附:秋兴八首·其七(杜甫原韵)
昆明池水汉时功,武帝旌旗在眼中。
织女机丝虚夜月,石鲸鳞甲动秋风。
波漂菰米沉云黑,露冷莲房坠粉红。
关塞极天惟鸟道,江湖满地一渔翁。

## 王侯
——用杜甫韵

多少王侯空白头,大江东去满天秋。
东坡赤壁千寻醉,西塞苍山万点愁。
已遣佳人先下井,不思故国却盟鸥。
锦城云乐花争发,北望长城第几州。

### 附:秋兴八首·其六(杜甫原韵)
瞿塘峡口曲江头,万里风烟接素秋。
花萼夹城通御气,芙蓉小苑入边愁。
珠帘绣柱围黄鹄,锦缆牙樯起白鸥。
回首可怜歌舞地,秦中自古帝王州。

## 少陵
——用杜甫韵

圣人不似对南山，茅屋草堂三两间。
拾遗未曾足员外，集贤待制乞门关。
宫中杨柳皆春色，天下羔黎各苦颜。
一卧江船知不起，诗家绝唱到辰班。

### 附：秋兴八首·其五（杜甫原韵）
蓬莱宫阙对南山，承露金茎霄汉间。
西望瑶池降王母，东来紫气满函关。
云移雉尾开宫扇，日绕龙鳞识圣颜。
一卧沧江惊岁晚，几回青琐点朝班。

## 百年
——用杜甫韵

百年不过一局棋，胜者踌躇输者悲。
忽闻阁老伤心事，枉忆少年斗酒时。
北望长安由命苦，东临白帝任舟驰。
渐无轩冕回头客，漫有文章掩泪思。

### 附：秋兴八首·其四（杜甫原韵）
闻道长安似弈棋，百年世事不胜悲。
王侯第宅皆新主，文武衣冠异昔时。
直北关山金鼓振，征西车马羽书驰。
鱼龙寂寞秋江冷，故国平居有所思。

毛风坐
荡尘埃上
高云龙凤
乘大野上
象吞命
英雄心
一脉人仙
去　本山觉士诗句

050

## 野望
——用杜甫韵

老尽江湖背影斜，归来枉自叹年华。
漫漫长夜流星雨，浩浩闲愁入海槎。
已识寒鸦还识日，未鸣金鼓却鸣笳。
无长生与无常死，野望犹能散白花。

**附：秋兴八首·其二（杜甫原韵）**
夔府孤城落日斜，每依北斗望京华。
听猿实下三声泪，奉使虚随八月槎。
画省香炉违伏枕，山楼粉堞隐悲笳。
请看石上藤萝月，已映洲前芦荻花。

## 八斗
——用杜甫韵

半斗残阳八斗晖，更余一斗半时微。
妖娆花朵寻春去，落魄鲲鹏向北飞。
义气偏疏才尚浅，功名不信命长违。
儿郎好弄风云事，秋正高时马正肥。

**附：秋兴八首·其三（杜甫原韵）**
千家山郭静朝晖，日日江楼坐翠微。
信宿渔人还泛泛，清秋燕子故飞飞。
匡衡抗疏功名薄，刘向传经心事违。
同学少年多不贱，五陵衣马自轻肥。

## 乌桐
——用杜甫韵

乌桐已断失高林,琴上弦歌劲杳森。
落日孤鸿寒碛冷,边城老马满天阴。
已无巴峡三声泪,尚有长安一寸心。
梦里官衣沾腊酒,也能余力试刀砧。

### 附:秋兴八首·其一(杜甫原韵)
玉露凋伤枫树林,巫山巫峡气萧森。
江间波浪兼天涌,塞上风云接地阴。
丛菊两开他日泪,孤舟一系故园心。
寒衣处处催刀尺,白帝城高急暮砧。

## 买酒
——用杜甫韵

心曾大度命逶迤,春到花城买酒陂。
蜀道应难寻弃子,潼关不易断金枝。
岂能家国天时薄,莫怪英雄运祚移。
生死无情悲白发,三星斗转泪空垂。

### 附:秋兴八首·其八(杜甫原韵)
昆吾御宿自逶迤,紫阁峰阴入渼陂。
香稻啄余鹦鹉粒,碧梧栖老凤凰枝。
佳人拾翠春相问,仙侣同舟晚更移。
彩笔昔曾干气象,白头吟望苦低垂。

## 破界
——用杜甫韵

留给人间一寸哀,穷将宙宇亿寻回。
但思故国如魂散,敢遣流星似鬼来。
破界红心轻大限,吸光黑洞入高台。
妙哉有我生无我,喜得风杯换雨杯。

**附:登高(杜甫原韵)同前,略**


## 雨水
——用杜甫诗韵

不觉立春去,应知雨水生。
鼠年逢大疫,鄂国竟悲声。
且济江河壮,欲燃星斗明。
白帆风著力,一夜满江城。

**附:春夜喜雨(杜甫原韵)**
好雨知时节,当春乃发生。
随风潜入夜,润物细无声。
野径云俱黑,江船火独明。
晓看红湿处,花重锦官城。

## 梵歌行
### ——用岑参韵

三十功名已半折，五十赚得头飞雪。
青山绿水为君来，禅房花草为君开。
梨园歌舞多谢幕，勾栏子弟各情薄。
枉教一人一寸心，看破红尘且瞒着。
雕人北国即成冰，幽咽南方语半凝。
生似天涯沦落客，此番垂老听风笛。
万法归一破法门，经坛灰烬骨翻翻。
凡胎尤在精魂去，心上风云眼前路。
各自悲欢无尽时，醒来又是无人处。

## 附：白雪歌送武判官归京（岑参原韵）

北风卷地百草折，胡天八月即飞雪。
忽如一夜春风来，千树万树梨花开。
散入朱帘湿罗幕，狐裘不暖锦衾薄。
将军角弓不得控，都护铁衣冷难着。
瀚海阑干百丈冰，愁云惨淡万里凝。
中军置酒饮归客，胡琴琵琶与羌笛。
纷纷暮雪下辕门，风掣红旗冻不翻。
轮台东门送君去，去时雪满天山路。
山回路转不见君，雪上空留马行处。

## 吊古
——用刘长卿韵

长沙贾谊尚忧迟，大漠卫青只惜悲。
千古帝王终作土，满天风雨正当时。
前人不见后人苦，正史难闻野史知。
空有文章藏日月，天涯更远更无涯。

### 附：长沙过贾谊宅（刘长卿原韵）
三年谪宦此栖迟，万古惟留楚客悲。
秋草独寻人去后，寒林空见日斜时。
汉文有道恩犹薄，湘水无情吊岂知？
寂寂江山摇落处，怜君何事到天涯！

## 客宿
——用刘长卿韵

天中孤雁小，山里老僧贫。
落日穷途远，北风惜故人。

### 附：逢雪宿芙蓉山主人（刘长卿原韵）
日暮苍山远，天寒白屋贫。
柴门闻犬吠，风雪夜归人。

## 千山初雨
### ——用李端诗韵

千朵莲花峰,如来坐当中。
云起出真相,雨过落清风。
朗月应虚满,深山不是空。
晨上香岩寺,夜宿五龙宫。

### 附:巫山高(李端原韵)
巫山十二峰,皆在碧虚中。
回合云藏月,霏微雨带风。
猿声寒过水,树色暮连空。
愁向高唐望,清秋见楚宫。

## 千山雨水
### ——用卢纶诗韵

北山望过望南山,春到千山雨不闲。
上石桥头泉水过,香岩寺里上人还。
心藏千朵莲花下,家在九层青霭间。
丁令已骑黄鹤去,长留古道镇雄关。

### 附:长安春望(卢纶原韵)
东风吹雨过青山,却望千门草色闲。
家在梦中何日到,春来江上几人还?
川原缭绕浮云外,宫阙参差落照间。
谁念为儒逢世难,独将衰鬓客秦关。

## 千山西阁
——用司空曙诗韵

身不独穷邻,虚年宁向贫。
常来添供果,尚有读书人。
梦里龙泉少,堂前麻雀频。
可怜松间客,每与石相亲。

**附:喜外弟卢纶见宿(司空曙原韵)**
静夜四无邻,荒居旧业贫。
雨中黄叶树,灯下白头人。
以我独沉久,愧君相见频。
平生自有分,况是蔡家亲。

## 千山三境苑
——用司空曙诗韵

日夜昏昏乱读书,心头妄念渐消除。
菩提架下开光后,波蜜经中掩卷余。
自在灵通成大道,无为业障即闲居。
彼时炼得丹心去,再塑如来也不如。

**附:酬张芬有赦后见赠(司空曙原韵)**
紫凤朝衔五色书,阳春忽布网罗除。
已将心变寒灰后,岂料光生腐草余。
建水风烟收客泪,杜陵花竹梦郊居。
劳君故有诗相赠,欲报琼瑶恨不如。

## 终南员外
——用韦应物诗韵

终南山岁晚,我亦飘零客。
浮云隔月光,松下听巉石。
罡风碎泉泠,万籁俱此夕。
道士驾青烟,白鹿去无迹。

**附:寄全椒山中道士(韦应物原韵)**

今朝郡斋冷,忽念山中客。
涧底束荆薪,归来煮白石。
欲持一瓢酒,远慰风雨夕。
落叶满空山,何处寻行迹。

## 星河谣
——用张籍韵

千年一丈夫,星河探宝珠。
碧眼眄天蝎,飞天舞裾襦。
人马南来初冬起,牛斗未随明月里。
云来渺渺似仙家,他年忽作流星死。
把酒遥吟天幕垂,莫羡长生不老时。

**附:节妇吟·寄东平李司空师道(张籍原韵)**

君知妾有夫,赠妾双明珠。
感君缠绵意,系在红罗襦。
妾家高楼连苑起,良人执戟明光里。

知君用心如日月，事夫誓拟同生死。
还君明珠双泪垂，恨不相逢未嫁时。

## 秦淮河
### ——用刘禹锡韵

金陵王气暗飞花，不尽长江带影斜。
若问年来多少事，秦淮八艳是君家。

### 附：乌衣巷（刘禹锡原韵）
朱雀桥边野草花，乌衣巷口夕阳斜。
旧时王谢堂前燕，飞入寻常百姓家。

## 秋风
### ——用刘禹锡韵

昨夜寒蛩知意寥，天明不肯对明朝。
朝生夕死春秋梦，卷地金风到虎霄。

### 附：秋词二首·其一（刘禹锡原韵）
自古逢秋悲寂寥，我言秋日胜春朝。
晴空一鹤排云上，便引诗情到碧霄。

## 天道
——用刘禹锡韵

未曾得道天知道,道法自然独立身。
因果报应唐突鬼,性灵翻转奈何人。
一场大梦谁先觉,半世迷途可过春。
老药能医新病好,二郎天狗也封神。

**附:酬乐天扬州初逢席上见赠(刘禹锡原韵)**
巴山楚水凄凉地,二十三年弃置身。
怀旧空吟闻笛赋,到乡翻似烂柯人。
沉舟侧畔千帆过,病树前头万木春。
今日听君歌一曲,暂凭杯酒长精神。

## 金陵
——用刘禹锡韵

大江东去浪无花,城上石头带影斜。
朱雀不知亡国恨,秦淮八艳宿谁家。

**附:乌衣巷(刘禹锡原韵)同前,略**

## 石头城
### ——用刘禹锡韵

金陵王气暗飞花,四百八十寺已斜。
春水一江无限恨,岂因王谢旧人家。

**附:乌衣巷(刘禹锡原韵)同前,略**

## 建康吟
### ——用刘禹锡韵

又见金陵栀子花,钟山一带晚风斜。
六朝人物随流水,莫问王家与谢家。

**附:乌衣巷(刘禹锡原韵)同前,略**

## 南山铭
### ——用刘禹锡韵

官不在大,有为则名。艺不在精,有才则灵。生于幽谷,宁泽芳馨。风云会秋白,谷雨赴春青。五十能守孝,六十始忧丁。可以一张琴,半卷经。造天地之有趣,化大千之无形。霜眉仍皓皓,瘦骨自亭亭。老子云:子虚乌有。

**附:陋室铭(刘禹锡原韵)**
山不在高,有仙则名。水不在深,有龙则灵。斯是陋

室,惟吾德馨。苔痕上阶绿,草色入帘青。谈笑有鸿儒,往来无白丁。可以调素琴,阅金经。无丝竹之乱耳,无案牍之劳形。南阳诸葛庐,西蜀子云亭。孔子云:何陋之有?

## 始闻春风
——用刘禹锡韵

江南春梦与君别,塞上长车我独回。
满目青山兼日落,一怀愁绪又风来。
欲将有限生年尽,忍把无情天眼开。
强笑丈夫空四海,堪堪衰鬓却登台。

**附:始闻秋风(刘禹锡原韵)**
昔看黄菊与君别,今听玄蝉我却回。
五夜飕飗枕前觉,一年颜状镜中来。
马思边草拳毛动,雕眄青云睡眼开。
天地肃清堪四望,为君扶病上高台。

## 酬孔方兄雅逢见赠
——用刘禹锡韵

流连庙府荒唐事,浪迹江湖老病身。
采菊犹能从五柳,举杯应似第三人。
诗书误我满头白,天地由它一卷春。
莫把孔方兄慢待,世间此物最通神。

**附:酬乐天扬州初逢席上见赠(刘禹锡原韵)同前,略**

## 金陵怀古
### ——用刘禹锡韵

天下该封第几州,金陵一带帝王收。
人生富贵难长命,日落山川莫出头。
多少流民仍北望,由来恨水尽东流。
若逢地下悲欢事,依旧青霜染白秋。

**附:西塞山怀古(刘禹锡原韵)**
王濬楼船下益州,金陵王气黯然收。
千寻铁锁沉江底,一片降幡出石头。
人世几回伤往事,山形依旧枕寒流。
从今四海为家日,故垒萧萧芦荻秋。

## 花非花
### ——用白居易韵

水中云,风中雾。
生同来,死同去。
几多花事怨春时,
只剩烛心垂泪处。

**附:花非花(白居易原韵)**
花非花,雾非雾。
夜半来,天明去。
来如春梦几多时?
去似朝云无觅处。

## 戊戌大雪
### ——用柳宗元韵

东风转尘绝,北斗忽明灭。
我坐仙人台,独钓千山雪。

**附:江雪(柳宗元原韵)**
千山鸟飞绝,万径人踪灭。
孤舟蓑笠翁,独钓寒江雪。

## 采石矶
### ——用柳宗元韵

一江春水绝,千朵流星灭。
丈夫无死生,天外怜飞雪。

**附:江雪(柳宗元原韵)同前,略**

## 致元稹
### ——用元稹韵

沧海无经曾恨水,巫山有却懒愁云。
莺莺已死薛涛老,半怨风流半怨君。

**附:离思五首·其四(元稹原韵)**
曾经沧海难为水,除却巫山不是云。
取次花丛懒回顾,半缘修道半缘君。

# 拟悲怀三首
## ——用元稹韵

### 其一
风流才子偏怜女，自附名门也意乖。
挨尽卑微屈上驿，迎来权贵戴高钗。
流居天府贪新纸，安国华胥仰大槐。
暴死南昌非命短，香山司马值金斋。

### 其二
三妻四妾随风去，五马七车伴雨来。
才到惊天该命苦，情从入地转时开。
一经宦海无生路，二借故人有死财。
底是男儿能作诔，不堪荣辱不堪哀。

### 其三
蒲州清苦益州悲，辗转洛阳命好时。
涪道长流不老药，越家遍地采春词。
竟如生也足生意，但得死余复死期。
辜负良人辜负己，致君花下对山眉。

## 附：遣悲怀三首（元稹原韵）

### 其一
谢公最小偏怜女，自嫁黔娄百事乖。
顾我无衣搜荩箧，泥他沽酒拔金钗。
野蔬充膳甘长藿，落叶添薪仰古槐。
今日俸钱过十万，与君营奠复营斋。

### 其二

昔日戏言身后事，今朝都到眼前来。
衣裳已施行看尽，针线犹存未忍开。
尚想旧情怜婢仆，也曾因梦送钱财。
诚知此恨人人有，贫贱夫妻百事哀。

### 其三

闲坐悲君亦自悲，百年都是几多时。
邓攸无子寻知命，潘岳悼亡犹费词。
同穴窅冥何所望，他生缘会更难期。
惟将终夜长开眼，报答平生未展眉。

## 诗鬼谣
——用李贺韵

我有心肝万古摧，我有头颅万古开。
我有闲愁红日里，红日滴红更滴紫。
紫流染遍江河水，水尽干涸老龙起。
起来为报天风意，百神死时我不死。

### 附：雁门太守行（李贺原韵）

黑云压城城欲摧，甲光向日金鳞开。
角声满天秋色里，塞上燕脂凝夜紫。
半卷红旗临易水，霜重鼓寒声不起。
报君黄金台上意，提携玉龙为君死。

## 苦昼长
### ——用李贺韵

金郎金郎,劝尔一杯酒,
你不识青天高,黄地厚。
只知无穷宇宙,羞提人寿。
殚精虑血,身薄骨瘦。
无名无分,无失无有。
人情奈若何,事道皆虚友。
炼到一身丹,舍利肉。
任尔夜不得眠,日不得伏。
何曾死者不喜,生者不哭。
何不修长生,衔珠玉?
画图似钟馗,鬼门去骑驴。
太白坟前曾卖骨,不若翩翩北冥鱼。

### 附:苦昼短(李贺原韵)

飞光飞光,劝尔一杯酒。
吾不识青天高,黄地厚。
唯见月寒日暖,来煎人寿。
食熊则肥,食蛙则瘦。
神君何在?太一安有?
天东有若木,下置衔烛龙。
吾将斩龙足,嚼龙肉,使之朝不得回,夜不得伏。
自然老者不死,少者不哭。
何为服黄金,吞白玉?
谁似任公子,云中骑碧驴?
刘彻茂陵多滞骨,嬴政梓棺费鲍鱼。

## 金狄长生歌
——用长吉韵

日月东西非过客,云车隐约行无迹。
当年天子求长生,化作茂陵秋风碧。
服金含玉地宫里,转世愿为谁家子。
昆仑豹母入青云,灞桥仙人流春水。
我有丹丸赠老道,老道今年比我老。
求长生者皆早死,回头天已无情小。

### 附:金铜仙人辞汉歌(李长吉原韵)

茂陵刘郎秋风客,夜闻马嘶晓无迹。
画栏桂树悬秋香,三十六宫土花碧。
魏官牵车指千里,东关酸风射眸子。
空将汉月出宫门,忆君清泪如铅水。
衰兰送客咸阳道,天若有情天亦老。
携盘独出月荒凉,渭城已远波声小。

## 咸阳吊古
——用许浑韵

一别咸阳万古愁,祖龙已死葬沙洲。
赵高指鹿为戎马,徐福求仙入蜃楼。
天水亭中云有信,阿房宫里草知秋。
轰轰烈烈前朝事,化作如今渭水流。

**附：咸阳城东楼（许浑原韵）**

一上高城万里愁,蒹葭杨柳似汀洲。
溪云初起日沉阁,山雨欲来风满楼。
鸟下绿芜秦苑夕,蝉鸣黄叶汉宫秋。
行人莫问当年事,故国东来渭水流。

# 李白
## ——用许浑韵

横竖千年一大才,非人非鬼下凡来。
三星日月偷光去,万户王侯把酒来。
力士靴前先肃立,贵妃舞后且徘徊。
天人胸胆无人识,采石徒留寂寞台。

**附：客至（许浑原韵）**

得路迷津更俊才,可怜鞍马照春来。
残花几日小斋闭,大笑一声幽抱开。
袖拂碧溪寒缭绕,冠欹红树晚徘徊。
相逢少别更堪恨,何必秋风江上台。

# 江东
## ——用杜牧韵

万绿丛中一点红,几多秋雨几多风。
奈何人去无踪影,都在江流代代中。

**附：江南春（杜牧原韵）**

千里莺啼绿映红，水村山郭酒旗风。
南朝四百八十寺，多少楼台烟雨中。


## 探春词
### ——用唐宣宗李忱韵

春风馆里度华年，日日神来夜夜仙。
翡翠枝头开国色，琉璃瓦上艳阳天。
赖家美酒茅家菜，出世心情入世篇。
镜里朱颜辞不够，每随云雨又潸然。

**附：吊白居易（唐宣宗李忱原韵）**

缀玉联珠六十年，谁教冥路作诗仙。
浮云不系名居易，造化无为字乐天。
童子解吟长恨曲，胡儿能唱琵琶篇。
文章已满行人耳，一度思卿一怅然。


## 弦歌
### ——用李商隐韵

五十年如五十弦，一弦一岁哭华年。
庄生蝴蝶无蝴蝶，望帝杜鹃非杜鹃。
鸿雁高飞别秋信，梨花香透了春烟。
天长地久有时尽，此恨绵绵已木然。

**附：锦瑟（李商隐原韵）**

锦瑟无端五十弦，一弦一柱思华年。
庄生晓梦迷蝴蝶，望帝春心托杜鹃。
沧海月明珠有泪，蓝田日暖玉生烟。
此情可待成追忆，只是当时已惘然。

# 天炉
## ——用贯休韵

时来运起一天炉，几许风烟逝作无。
顽石谁堪消永日，青溟夸作老功夫。
浮生有限春秋逸，宦海无涯刀笔驱。
天命始知耕读好，轮回万事各闲枯。

**附：春（贯休原韵）**

自来自去动洪炉，无象无私无处无。
回雁不多消气力，染花应最费工夫。
溟濛便恨豪家惜，浓暖深为政笔驱。
莫讶相逢只添睡，伊余心不在荣枯。

# 银川
## ——用罗隐韵

此地不刮大汉风，边毛自古朔方中。
生当社庙能豪杰，死亦泉台做鬼雄。
每向高天闻渡雁，从来没岭送征鸿。
斜阳白草殷勤约，断头将军犹挽弓。

**附：登夏州城楼（罗隐原韵）**

寒城猎猎戍旗风，独倚危楼怅望中。
万里山河唐土地，千年魂魄晋英雄。
离心不忍听边马，往事应须问塞鸿。
好脱儒冠从校尉，一枝长戟六钧弓。

## 剑阁
——用罗隐韵

司马疑心诸葛忧，南阳无奈首阳筹。
人间运气皆输掉，天上星才各管由。
明主千年轮一个，故园万里画重周。
非关剑阁万夫死，血向嘉陵江水流。

**附：筹笔驿（罗隐原韵）**

抛掷南阳为主忧，北征东讨尽良筹。
时来天地皆同力，运去英雄不自由。
千里山河轻孺子，两朝冠剑恨谯周。
唯余岩下多情水，犹解年年傍驿流。

## 河西吊古
——用吴融韵

故国西来空复空，黄沙衰草满悲风。
一行大雁萧关北，几点夕阳渭水东。
万里开疆酬壮士，千家裂土竟封功。
胡笳声起中原乱，洗尽黄河怨恨中。

#### 附：金桥感事（吴融原韵）
太行和雪叠晴空，二月郊原尚朔风。
饮马早闻临渭北，射雕今欲过山东。
百年徒有伊川叹，五利宁无魏绛功？
日暮长亭正愁绝，哀筇一曲戍烟中。

# 浪淘沙令·家国
## ——用李煜韵

家国各屡屡，对影阑珊。金陵今夜月光寒。醉里君臣同旧梦，梦里能欢。

失意却凭栏，剩水残山。人生在世几多难？回首江南萧瑟处，仍在花间。

#### 附：浪淘沙令·帘外雨潺潺（李煜原韵）
帘外雨潺潺，春意阑珊。罗衾不耐五更寒。梦里不知身是客，一晌贪欢。

独自莫凭栏，无限江山。别时容易见时难。流水落花春去也，天上人间。

# 浪淘沙·秦淮
## ——用李煜韵

无喜亦无哀，泡影成排。人生何必上天阶。上得天阶滋味苦，最怕重来。

花影已先埋，剩下蓬莱。云窗终夜为谁开。梦里香风吹又散，散入秦淮。

**附：浪淘沙·往事只堪哀（李煜原韵）**

往事只堪哀，对景难排。秋风庭院藓侵阶。一桁珠帘闲不卷，终日谁来。

金锁已沉埋，壮气蒿莱。晚凉天净月华开。想得玉楼瑶殿影，空照秦淮。

# 浪淘沙·人间
## ——用李煜韵

昨夜泪潺潺，心意阑珊，偏偏又见月光寒。帝子无心伤往事，别样悲欢。

一醉一凭栏，秋水春山。梦时容易醒时难。纵有深情何处似，路过人间。

**附：浪淘沙令·帘外雨潺潺（李煜原韵）同前，略**

# 虞美人·人生易了
## ——用李煜韵

人生易了情难了，待老思年少。春风只道似秋风，路过人间何必在心中。

百年以后声名在，管煞河山改。诗人真个为谁愁，不似风花雪月第一流。

**附：虞美人·春花秋月何时了（李煜原韵）**

春花秋月何时了，往事知多少。小楼昨夜又东风，故国不堪回首月明中。

雕栏玉砌应犹在，只是朱颜改。问君能有几多愁，恰似一江春水向东流。

## 蝶恋花·伤春
——用李煜韵

只差人生三两步。秋去春来，眼里皆迟暮。却在美人帘外住。吴江风月无边去。

又恐见伊千百度。不见落红，不敢莺莺语。闲恨满天如乱绪。当年月下花深处。

### 附：蝶恋花·春暮（李煜原韵）

遥夜亭皋闲信步。才过清明，早觉伤春暮。数点雨声风约住。朦胧淡月云来去。

桃李依依春暗度。谁在秋千，笑里轻轻语。一寸相思千万绪。人间没个安排处。

## 破阵子·商女
——用李煜韵

浩渺无穷宙宇，依稀只见星河。为使光年行大梦，故遣烟花织女萝，天外未操戈。

几度浑浑噩噩，几番折折磨磨。不奏太平宫吕调，却唱矫情粉饰歌，商女是宫娥。

### 附：破阵子·四十年来家国（李煜原韵）

四十年来家国，三千里地山河。凤阁龙楼连霄汉，玉树

琼枝作烟萝，几曾识干戈？

一旦归为臣虏，沈腰潘鬓消磨。最是仓皇辞庙日，教坊犹奏别离歌，垂泪对宫娥。

## 蝶恋花·词工
### ——用柳永韵

酒绿灯红花影细，忍把浮名，换作歌行际。最爱繁华如梦里，多情总似伤心意。

从此涯生都大醉，天下谁家，念念无滋味。老死词工应不悔，徽钦万里该憔悴。

### 附：蝶恋花·伫倚危楼风细细（柳永原韵）

伫倚危楼风细细，望极春愁，黯黯生天际。草色烟光残照里，无言谁会凭阑意。

拟把疏狂图一醉，对酒当歌，强乐还无味。衣带渐宽终不悔，为伊消得人憔悴。

## 鹤冲天·靖康事
### ——用柳永韵

恁般皇上，天命回头望。家国乱风云，凄然向。本是风流子，羞作黄天荡。不如死后丧。良将忠臣，自毁长城天相。

太监当道，竟似国亡孽障。哭遍五国城，无人访。管煞宫娥太后，小公主，任人畅。江山饶半饷。骨气全无，换回佑陵绝唱！

### 附：鹤冲天·黄金榜上（柳永原韵）

黄金榜上，偶失龙头望。明代暂遗贤，如何向。未遂风云便，争不恣狂荡。何须论得丧？才子词人，自是白衣卿相。

烟花巷陌，依约丹青屏障。幸有意中人，堪寻访。且恁偎红倚翠，风流事，平生畅。青春都一饷。忍把浮名，换了浅斟低唱！

## 雨霖铃·燕宴
### ——用柳永韵

梨花清切，正伤心也，雨慢风歇。池塘满了春水，空照我，中年白发。心事恍惚不在，去天外哽噎。莫有恨，了却人间，半世浮名梦中阔。

花卿昨夜轻轻别，纵无言，念得哭时节。丁香却似心苦，根更苦，半轮山月。月上梢头，把酒邀杯对影重设。待酒醒辜负何人？孑孓自空说。

### 附：雨霖铃·秋别（柳永原韵）

寒蝉凄切，对长亭晚，骤雨初歇。都门帐饮无绪，留恋处，兰舟催发。执手相看泪眼，竟无语凝噎。念去去，千里烟波，暮霭沉沉楚天阔。

多情自古伤离别，更那堪，冷落清秋节！今宵酒醒何处？杨柳岸，晓风残月。此去经年，应是良辰好景虚设。便纵有千种风情，更与何人说。

## 忆帝京·晚来
——用柳永韵

晚来天气无新气,滋味渐成无味。强乐且贪欢,长夜还强睡。莫道是天明,饶你千千岁。

说不尽、天涯行辔;道不尽、一番心计。空里无霜,月中挂素,奈何花影先着地。我已本无心,却下心头泪。

**附:忆帝京·薄衾小枕凉天气(柳永原韵)**
薄衾小枕凉天气,乍觉别离滋味。展转数寒更,起了还重睡。毕竟不成眠,一夜长如岁。

也拟待、却回征辔;又争奈、已成行计。万种思量,多方开解,只恁寂寞厌厌地。系我一生心,负你千行泪。

## 鹤冲天·千山
——用柳永韵

仙人台上,极目高天望。叠雾隐龙峰,金刚向。百里徘徊雨,万里风云荡。北冥如缺丧。去问道人,可有龙宫真相。

曾经骑鹤,也去飞天魔障。不过百年身,无人访。八面天然大佛,浑千亿,凡心畅。通灵须半饷。壁立松涛,都是人间绝唱。

**附:鹤冲天·黄金榜上(柳永原韵)** 同前,略

## 苏幕遮·家山
### ——用范仲淹韵

大孤山,花麦地,上石桥边,岭上仙人翠。记得红楼杨柳水,曾共春风,流到相思外。

半生缘,无尽思,又见山花,月下花先睡。醒又天凉明月倚,春露凝愁,滴滴和君泪。

### 附:苏幕遮·怀旧(范仲淹原韵)

碧云天,黄叶地,秋色连波,波上寒烟翠。山映斜阳天接水,芳草无情,更在斜阳外。

黯乡魂,追旅思,夜夜除非,好梦留人睡。明月楼高休独倚,酒入愁肠,化作相思泪。

## 渔家傲·唐庄
### ——用范仲淹韵

庄子生来天赋异,梦中秋水如真意。家国皆亡穷不起,鼓盆里,北冥有翼垂天闭。

陋巷瓢浆汲井里,不为苟命谋生计。蟪蛄朝菌无墓地,唐庄寐,毋须千古来倾泪。

### 附:渔家傲·秋思(范仲淹原韵)

塞下秋来风景异,衡阳雁去无留意。四面边声连角起,千嶂里,长烟落日孤城闭。

浊酒一杯家万里,燕然未勒归无计。羌管悠悠霜满地,人不寐,将军白发征夫泪。

## 千秋岁·啼鸩
### ——用张先韵

卧听啼鸩,撩乱数声歇。晓来谁把花轻折。家山一夜雨,竹笋拔新节。看不尽,云溪阵里消春雪。

心事与谁拨,当说不当说。人不见,钦音绝。一尺一跌落,一寸一凝结。头白也,年年岁岁天天月。

### 附:千秋岁·数声鶗鸩(张先原韵)

数声鶗鸩,又报芳菲歇。惜春更把残红折。雨轻风色暴,梅子青时节。永丰柳,无人尽日花飞雪。

莫把幺弦拨,怨极弦能说。天不老,情难绝。心似双丝网,中有千千结。夜过也,东窗未白凝残月。


## 浣溪沙·两宋
### ——用晏殊韵

不窃金杯窃玉杯,官筹放客上天台。春宵花海莫轻回。羌笛关中新过去,金戈塞北又重来。襄公地下起徘徊。

### 附:浣溪沙·一曲新词酒一杯(晏殊原韵)

一曲新词酒一杯,去年天气旧亭台。夕阳西下几时回?无可奈何花落去,似曾相识燕归来。小园香径独徘徊。

## 浣溪沙·闲人
——用晏殊韵

用你灵心用我身,大千世界各招魂。一生一死莫来频。
已别江湖容易梦,却回风月奈何春。不如做个有闲人。

**附:浣溪沙·一向年光有限身(晏殊原韵)**
一向年光有限身,等闲离别易销魂。酒筵歌席莫辞频。
满目山河空念远,落花风雨更伤春。不如怜取眼前人。

## 浣溪沙·鬼人
——用晏殊韵

路过人间似罪身,为谁舍不得牵魂。不该夜夜梦相频。
鬓角又添七分白,眉梢尚有十年春。来生做鬼不当人。

**附:浣溪沙·一向年光有限身(晏殊原韵)同前,略**

## 清平乐·美泉宫
——用晏殊韵

行行字字,此去浑无意。毕竟欧洲东逝水,无奈云愁聊寄。

也曾睡彻山楼,也曾拍遍吴钩。独对美泉宫苑,那堪有泪双流。

**附：清平乐·红笺小字（晏殊原韵）**

红笺小字，说尽平生意。鸿雁在云鱼在水，惆怅此情难寄。

斜阳独倚西楼，遥山恰对帘钩。人面不知何处，绿波依旧东流。

## 浣溪沙·雪村
——用晏殊韵

心上无心身外身，人生终老未知魂。上天入地枉相频。
数九隆冬封大雪，再三追日没阳春。千山今夜让何人。

**附：浣溪沙·一向年光有限身（晏殊原韵）同前，略**

## 天语
——用曾公亮韵

十年风雨十年路，半世悠游半世哀。
待死重生浑不顾，忽开天语送将来。

**附：宿甘露寺僧舍（曾公亮原韵）**
枕中云气千峰近，床底松声万壑哀。
要看银山拍天浪，开窗放入大江来。

## 渔家傲·朝云
——用王安石韵

　　自古佳人才子抱。东坡最爱眠芳草。也拟朝云歌窈窕。情未到。荔枝落尽无人扫。
　　之子于归金织鸟。西山却比东山早。难得佳人能共老。埋也好。西江月下梅花道。

**附：渔家傲·平岸小桥千嶂抱（王安石原韵）**
　　平岸小桥千嶂抱。柔蓝一水萦花草。茅屋数间窗窈窕。尘不到。时时自有春风扫。
　　午枕觉来闻语鸟。欹眠似听朝鸡早。忽忆故人今总老。贪梦好。茫然忘了邯郸道。


## 菩萨蛮·山人
——用王安石韵

　　流云乱渡前山水，前山水在咱家里。落日半天红，无人只有风。
　　山人挑月偃，月偃隔山晚。闲处得闲情，山歌四五声。

**附：菩萨蛮·数间茅屋闲临水（王安石原韵）**
　　数间茅屋闲临水，窄衫短帽垂杨里。花是去年红，吹开一夜风。
　　梢梢新月偃，午醉醒来晚。何物最关情，黄鹂三两声。

## 清平乐·菊花
——用王安国韵

与谁同住？独对天河语。朗月清辉双莫污，却下一霄轻雨。

琵琶还似琵琶，天涯依旧天涯。司马不如司马，菊花错怪菊花。

**附：清平乐·留春不住（王安国原韵）**

留春不住，费尽莺儿语。满地残红宫锦污，昨夜南园风雨。

小怜初上琵琶，晓来思绕天涯。不肯画堂朱户，春风自在杨花。

## 念奴娇·中秋怀古
——用苏轼韵

一轮明月，照人间、冷冷空空无物。
天外来宾，家万里、从此昭昭玉璧。
扫尽春秋，吹开秦汉，只有光如雪。
开元盛世，当时多少豪杰。

文章代代流传，几人能记得？霜心初发。
对酒当歌，苏东坡，也被无情淹灭。
转眼千年，何曾身似客，黄鸡白发。
人生无梦，可怜无边风月。

**附：念奴娇·赤壁怀古（苏轼原韵）**

大江东去，浪淘尽，千古风流人物。
故垒西边，人道是，三国周郎赤壁。
乱石穿空，惊涛拍岸，卷起千堆雪。
江山如画，一时多少豪杰。

遥想公瑾当年，小乔初嫁了，雄姿英发。
羽扇纶巾，谈笑间，樯橹灰飞烟灭。
故国神游，多情应笑我，早生华发。
人生如梦，一尊还酹江月。

# 西江月·天心
## ——用苏轼韵

命里长愁骨瘦，尊前更觉心凉。年来何处觅花廊。又似山中月上。

世事合该也罢，人生岂止无妨。谁能未死即开光。一念天心地望。

**附：西江月·世事一场大梦（苏轼原韵）**

世事一场大梦，人生几度新凉？夜来风叶已鸣廊。看取眉头鬓上。

酒贱常愁客少，月明多被云妨。中秋谁与共孤光。把盏凄然北望。

## 鹧鸪天·荷色
——用苏轼韵

昨夜寒乌过粉墙。今朝疏雨落花塘。荷苞尤带三分苦,月影长留一抹香。

山外外,水旁旁。浮生难得比残阳。江湖到处飘白发,秋水春心一样凉。

**附:鹧鸪天·林断山明竹隐墙(苏轼原韵)**

林断山明竹隐墙。乱蝉衰草小池塘。翻空白鸟时时见,照水红蕖细细香。

村舍外,古城旁。杖藜徐步转斜阳。殷勤昨夜三更雨,又得浮生一日凉。

## 临江仙·大宋
——用苏轼韵

谁比窝囊如大宋,仿佛家在江东。满朝都在画春风。开封不要了,山水尚千重。

学士太多真误国,男儿个个花容。你侬未必胜吾侬。临安风月好,词笔正忙中。

**附:临江仙·夜到扬州席上作(苏轼原韵)**

尊酒何人怀李白,草堂遥指江东。珠帘十里卷香风。花开又花谢,离恨几千重。

轻舸渡江连夜到,一时惊笑衰容。语音犹自带吴侬。夜阑对酒处,依旧梦魂中。

乾坤一色夜无涯,
寄兴一瓢夕阳斜。
记得歌西望半湖,
笑语红湖,
都是旧风沙。

本山觉士诗

## 西江月·执念
——用苏轼韵

昨夜花楼醉倒,醒来疑是长安。一朝天子一朝官,千古难逃别案。

当假便须作假,知难不似真难。曾经死水泛微澜,执念如今该断。

### 附:西江月·送别(苏轼原韵)
昨夜扁舟京口,今朝马首长安。旧官何物与新官,只有湖山公案。

此景百年几变,个中下语千难。使君才气卷波澜,与把新诗判断。

## 蝶恋花·前朝
——用苏轼韵

若比谁家心眼小,前度刘郎,道士拂尘绕。一入侯门知病少,春茶滋味不如草。

敢向萧娘求正道,话里人生,画外王孙笑。玉水新山都悄悄,满园桃李随风恼。

### 附:蝶恋花·春景(苏轼原韵)
花褪残红青杏小,燕子飞时,绿水人家绕。枝上柳绵吹又少,天涯何处无芳草。

墙里秋千墙外道,墙外行人,墙里佳人笑。笑渐不闻声渐悄,多情却被无情恼。

## 蝶恋花·桃花庵
### ——用苏轼韵

雨巷堆云梅子小,坞外桃花,一夜青藤绕。谁比秋香年更少,隔窗不见心生草。

劝得东君知不道,法外无心,一任拈花笑。莫怪香魂离更悄,木鱼敲破无烦恼。

附:蝶恋花·春景(苏轼原韵)同前,略

## 浣溪沙·铁公鸡
### ——用苏轼韵

天地洪荒似小溪,人间不过踏青泥,夕阳西下鸟空啼。昨夜已随前夜去,管它南北复东西。不如做个铁公鸡。

附:浣溪沙·游蕲水清泉寺(苏轼原韵)
山下兰芽短浸溪,松间沙路净无泥,潇潇暮雨子规啼。谁道人生无再少?门前流水尚能西!休将白发唱黄鸡。

## 临江仙·南浔
### ——用苏轼韵

一别江南浑似梦,春归一路芳尘。平湖半月影新温。南浔寻柳色,北海对秋筠。

记得姑苏名字在,瓜娃不似朝云。西施不在笑仍颦。当时风月好,最好是无人。

**附：临江仙·送钱穆父（苏轼原韵）**

一别都门三改火，天涯踏尽红尘。依然一笑作春温。无波真古井，有节是秋筠。

惆怅孤帆连夜发，送行淡月微云。尊前不用翠眉颦。人生如逆旅，我亦是行人。

## 题东林壁
——用苏轼韵

唐有高山宋有峰，今人难比古人同。
比来都是英雄恨，指点江山大梦中。

**附：题西林壁（苏轼原韵）**

横看成岭侧成峰，远近高低各不同。
不识庐山真面目，只缘身在此山中。

## 永遇乐·过客
——用苏轼韵

日月穿梭，阴阳交替，穷极期限。别有人间，无非天下，星外能相见。匆匆来去，厌厌悠游，故国旧交新断。也从容，无牵无挂，似曾辔羁行遍。

抬头云倦，低头风散，寂寞几回霜眼。平野茫茫，横川荡荡，谁约新来燕。依稀也好，模糊也好，该有别愁离怨。罢罢罢，无人对酒，长吁短叹。

**附：永遇乐·彭城夜宿燕子楼（苏轼原韵）**

明月如霜，好风如水，清景无限。曲港跳鱼，圆荷泻露，寂寞无人见。紞如三鼓，铿然一叶，黯黯梦云惊断。夜茫茫，重寻无处，觉来小园行遍。

天涯倦客，山中归路，望断故园心眼。燕子楼空，佳人何在，空锁楼中燕。古今如梦，何曾梦觉，但有旧欢新怨。异时对，黄楼夜景，为余浩叹。

## 招魂
——用苏轼韵

地门约过约天门，释道真儒似小村。
已若如人何必死，名能懒用免着痕。
残杯尚待十年冷，白眼微留一点温。
垂老无心伤往事，怜君与我共招魂。

**附：正月二十日与潘郭二生出郊寻春忽记去年是日同至女王城作诗乃和前韵（苏轼原韵）**

东风未肯入东门，走马还寻去岁村。
人似秋鸿来有信，事如春梦了无痕。
江城白酒三杯酽，野老苍颜一笑温。
已约年年为此会，故人不用赋招魂。

## 定风波·春湖
### ——用苏轼词韵

雨水逢春暗滴声,湖云拂面遮人行。天作雄关山作马,应怕,仙人岛上觉潮生。

纵是春来仍不醒,阴冷,坡头苍鹭代飞迎。更隔蓬山云雾处,难去,相逢似在雨初晴。

### 附:定风波·莫听穿林打叶声(苏轼原韵)

莫听穿林打叶声,何妨吟啸且徐行。竹杖芒鞋轻胜马,谁怕?一蓑烟雨任平生。

料峭春风吹酒醒,微冷,山头斜照却相迎。回首向来萧瑟处,归去,也无风雨也无晴。

## 定风波·北冥题赠香山胡先生
### ——用苏轼韵

君是东湖白面郎,柔奴应是美娇娘。故国宇文家不齿,歌起,原来世态转炎凉。

情又多兮年又少,堪笑。佳人胜过雪梅香。君若安心心便好,莫道,天涯何处似家乡。

### 附:定风波·南海归赠王定国侍人寓娘(苏轼原韵)

常美人间琢玉郎,天应乞与点酥娘。尽道清歌传皓齿,风起,雪飞炎海变清凉。

万里归来颜愈少,微笑,笑时犹带岭梅香。试问岭南应不好,却道:此心安处是吾乡。

## 洞仙歌·男儿
——用苏轼韵

小寒时候,惹一身惊汗。明月如杯又添满。有故人来去,打发光阴,天地卷,越捋越多越乱。

真男儿不死,死亦鬼雄,聂耳风流说田汉。看长城万里,大好河山,风轻淡,暮暮朝朝旋转。总不至长忧与闲愁,且再问如今几人能换。

### 附:洞仙歌·冰肌玉骨(苏轼原韵)

冰肌玉骨,自清凉无汗。水殿风来暗香满。绣帘开,一点明月窥人,人未寝,欹枕钗横鬓乱。

起来携素手,庭户无声,时见疏星渡河汉。试问夜如何?夜已三更,金波淡,玉绳低转。但屈指西风几时来,又不道流年暗中偷换。

## 定风波·彼岸
——应亚东嘱用苏轼韵

宦海沉浮棒喝声,光明大道少人行。都是盲人骑瞎马,不怕?又贪富贵又贪生。

大醉昏昏谁独醒,心冷,各怀心腹点头迎。劝尔莫巡局调处,我去,心无风雨自然晴。

### 附:定风波·莫听穿林打叶声(苏轼原韵)同前,略

## 水龙吟·千山香岩寺寄宿
——用苏轼韵

落红无意匆匆，隔年还是枝头坠。蓑衣野鹤，锦翎云雀，若有所思。细雨川前，微岚山后，忽开忽闭。又仙人台上，腾云驾雾，一时散，一时起。

昨夜依稀梦里，又重逢、仙姿摇缀。也无人说，也无人懂，一池残碎。香染木鱼，铃敲箫鼓，长流法水。岂朝朝暮暮，经书翻破，眼空无泪。

**附：水龙吟·次韵章质夫杨花词（用苏轼韵）**

似花还似非花，也无人惜从教坠。抛家傍路，思量却是，无情有思。萦损柔肠，困酣娇眼，欲开还闭。梦随风万里，寻郎去处，又还被、莺呼起。

不恨此花飞尽，恨西风、落红难缀。晓来雨过，遗踪何在？一池萍碎。春色三分，二分尘土，一分流水。细看来，不是杨花，点点是、离人泪。


## 临江仙·寄雪
——用晏几道韵

酒贱常愁客少，月明难得云稀。人间最美悼亡诗。悼时人不在，人在不亡时。

遥想乡关何处，细斟故国谁知。未曾上路便思归。青山应寄雪，红豆正分枝。

**附：临江仙·身外闲愁空满（晏几道原韵）**

身外闲愁空满,眼中欢事常稀。明年应赋送君诗。细从今夜数,相会几多时。

浅酒欲邀谁劝,深情惟有君知。东溪春尽好同归。柳垂江上影,梅谢雪中枝。

# 鹧鸪天·余生
## ——用晏几道韵

自是人间透骨香。何曾白眼作癫狂。呕心沥血仍难死,煮酒烹诗且向阳。

愁伟岸,恨苍茫。韶光一寸也嫌长。余生只待林泉约,雪上鸿泥三两行。

**附：鹧鸪天·醉拍春衫惜旧香（晏几道原韵）**

醉拍春衫惜旧香。天将离恨恼疏狂。年年陌上生秋草,日日楼中到夕阳。

云渺渺,水茫茫。征人归路许多长。相思本是无凭语,莫向花笺费泪行。

# 鹧鸪天·琴台
## ——用晏几道韵

雪与梅花一样香。仙人台上向天狂。送君云外白毛鹤,照我心中红太阳。

山渺渺,野茫茫。无人行处路偏长。朱弦四弄知音在,台下仙踪已断行。

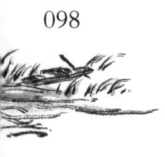

**附：鹧鸪天·醉拍春衫惜旧香（晏几道原韵）同前，略**

## 朱弦
### ——用黄庭坚韵

痴儿未了咱家事，秋过千山雨复晴。
满目云烟才渡远，一天日月始分明。
佳人已为朱弦绝，美酒聊因青眼横。
魏晋已亡无风度，李佳遗世可值盟。

**附：登快阁（黄庭坚原韵）**
痴儿了却公家事，快阁东西倚晚晴。
落木千山天远大，澄江一道月分明。
朱弦已为佳人绝，青眼聊因美酒横。
万里归船弄长笛，此心吾与白鸥盟。

## 青玉案·千山
### ——用黄庭坚韵

千山云雾疑无路，有佛塔，谁人去。自有仙人能化度，
蒲团虚坐，几多经语，来往无归处。

求仙问道天将暮，索个灵签妙些句。就算回头能几许，
后山门里，更深云浦，却下黄昏雨。

**附：青玉案·至宜州次韵上酬七兄（黄庭坚原韵）**
烟中一线来时路。极目送，归鸿去。第四阳关云不度。

鉴下大千先
大梦小憩
庚寅写心迹
本山觉士诗
子雄

山胡新啭,子规言语,正在人愁处。

　　忧能损性休朝暮。忆我当年醉时句,渡水穿云心已许。暮年光景,小轩南浦,同卷西山雨。


## 快阁约
### ——用黄庭坚韵

　　人生易老心难老,天道无晴月有晴。
　　快阁三分成旧事,归帆一点趁新明。
　　佳人美酒殷勤劝,青眼白头随意横。
　　可向云中约长策,且随雾里看空盟。

**附:登快阁(黄庭坚原韵)同前,略**


## 浣溪沙·南山
### ——用秦观韵

　　云外青山山外楼,每于霜尽却悲秋。城中难得此间幽。
　　老友半生消老梦,清茶一盏换清愁。青衣水袖压吴钩。

**附:浣溪沙·漠漠轻寒上小楼(秦观原韵)**
　　漠漠轻寒上小楼,晓阴无赖似穷秋。淡烟流水画屏幽。
　　自在飞花轻似梦,无边丝雨细如愁。宝帘闲挂小银钩。

## 减字木兰花·放过
### ——用秦观韵

人间别恨,天下兴亡天下问。寸断肝肠,炉烬灯残淡淡香。

玉颜应敛,日下蒿莱心半展。最怕登楼,放过功名放过愁。

**附:减字木兰花·天涯旧恨(秦观原韵)**

天涯旧恨,独自凄凉人不问。欲见回肠,断尽金炉小篆香。

黛蛾长敛,任是春风吹不展。困倚危楼,过尽飞鸿字字愁。

## 浣溪沙·山居
### ——用秦观韵

山上流云雾里楼,满天阴雨渐中秋。山人习惯这番幽。

莫对风烟思旧恨,且和云水笑新愁。由他鬓角染霜钩。

**附:浣溪沙·漠漠轻寒上小楼(秦观原韵)同前,略**

## 踏莎行·旅夜
### ——用秦观韵

月下郴州,花前云渡。衡阳雁去知何处。那愁南岭对韶

关,此番春尽寒鸦暮。

欲遣肠酸,却成心素。阳江郁郁芊芊数。白头莫问几时归,归时莫问同谁去。

### 附:踏莎行·郴州旅舍(秦观原韵)

雾失楼台,月迷津渡。桃源望断无寻处。可堪孤馆闭春寒,杜鹃声里斜阳暮。

驿寄梅花,鱼传尺素。砌成此恨无重数。郴江幸自绕郴山,为谁流下潇湘去?

## 满庭芳·千山
### ——用秦观韵

有半川云,和一天雪,依旧封着山门。最无人处,独自饮芳尊。莫管春来消息,青岩上,吹雪纷纷。李公子,能操琴否?霜月挂前村。

孤魂。过牛岭,黄君山谷,日落时分。应寂寂、炊烟影去香存。应念大安中会,听鸦语,踏雪无痕。千山外,万家灯火,不似这黄昏。

### 附:满庭芳·山抹微云(秦观原韵)

山抹微云,天连衰草,画角声断谯门。暂停征棹,聊共引离尊。多少蓬莱旧事,空回首、烟霭纷纷。斜阳外,寒鸦数点,流水绕孤村。

消魂。当此际,香囊暗解,罗带轻分。谩赢得、青楼薄幸名存。此去何时见也?襟袖上、空惹啼痕。伤情处,高楼望断,灯火已黄昏。

## 好事近·日月
——用秦观韵

说日月关情,都是恼人行色。且来问君虽寿,我能分虚白。

东升西匿只轮回,也要漫天碧。惹得一时风物,尽江南江北。

### 附:好事近·梦中作(秦观原韵)
春路雨添花,花动一山春色。行到小溪深处,有黄鹂千百。

飞云当面化龙蛇,夭矫转空碧。醉卧古藤阴下,了不知南北。

## 青玉案·山中
——用贺铸韵

小园香径疑无路,玉蝴蝶、飞将去。众里寻它千百度,划溪岩嶂,乱花苁户,只在云深处。

紫云堆里无穷暮,却对黄昏两三句。别有人家春自许,满天烟色,半怀愁絮,一霎闲来雨。

### 附:青玉案·凌波不过横塘路(贺铸原韵)
凌波不过横塘路,但目送、芳尘去。锦瑟年华谁与度?月桥花院,琐窗朱户,只有春知处。

飞云冉冉蘅皋暮,彩笔新题断肠句。试问闲愁都几许?一川烟草,满城风絮,梅子黄时雨。

## 卖花声·千山
——用张舜民词韵

我住大千山。云海漫漫。长留秋色与春颜。日日仙人台上坐，脚踏天关。

白首莫凭栏。纵日悠闲。大悲了尽更贪欢。海水杯中谁走马，且去招安。

### 附：卖花声·题岳阳楼（附张舜民原韵）

木叶下君山。空水漫漫。十分斟酒敛芳颜。不是渭城西去客，休唱阳关。

醉袖抚危栏。天淡云闲。何人此路得生还。回首夕阳红尽处，应是长安。

## 夜游宫·中年
——用周邦彦韵

只剩千山万水。去不得、老僧家里。屈指人间几才子。在京华，在江南，多瓦市。

旧恨浮云底。更面对、薄愁新坠。为唱轻词曲轻起。解连环，夜游宫，传素纸。

### 附：夜游宫·叶下斜阳照水（周邦彦原韵）

叶下斜阳照水。卷轻浪、沈沈千里。桥上酸风射眸子。立多时，看黄昏，灯火市。

古屋寒窗底。听几片、井桐飞坠。不恋单衾再三起。有谁知，为萧娘，书一纸。

## 六丑·大晟词
——用周邦彦韵

又无情风雨,生春夜、暗香如掷。数点离魂,浮游空织翼。寻乞留迹。又似光千里,驾云趁电,上清凉仙国。天街无处亲芳泽。别似人间,寻常巷陌。一身寒衣堪惜。见梦中模样,冰冷霜隔。

南门空寂。正休红歇碧。问谁家公子,无消息。闲愁两处新客。莫残杯清月,对邀春极。千万恨、竟如前帻。不该信轻别,飘风洒雨,西窗半侧。心无力、尚有余汐。待老时、谈笑说归去,怎能骗得。

### 附:六丑·蔷薇谢后作(周邦彦原韵)

正单衣试酒,恨客里、光阴虚掷。愿春暂留,春归如过翼。一去无迹。为问花何在,夜来风雨,葬楚宫倾国。钗钿堕处遗香泽。乱点桃蹊,轻翻柳陌。多情为谁追惜。但蜂媒蝶使,时叩窗隔。

东园岑寂。渐蒙笼暗碧。静绕珍丛底,成叹息。长条故惹行客。似牵衣待话,别情无极。残英小、强簪巾帻。终不似一朵,钗头颤袅,向人欹侧。漂流处、莫趁潮汐。恐断红、尚有相思字,何由见得。

## 六丑·过客
——用周邦彦韵

且呼风唤雨,自天外、酒瓢飞掷。天地无形,飘飘浮大翼。光痕云迹。骂飞仙无用,徒留名字,只别家去国。天上

云梦老龙泽。故作多情,野花阡陌。赢来千年叹惜。与人间一样,两处悬隔。

　　家园如寂。正消红去碧。渐黄沙万里,堪太息。回头都是归客。待愁肠百褶,众生穷极。谁先死、白衣黑帻。也不枉光棍,西娘扶枕,东君在侧。最如意、月下秋汐。有少年、识尽愁滋味,白头了得。

**附:六丑·蔷薇谢后作(周邦彦原韵)同前,略**

## 蝶恋花·春社
### ——用赵令畤韵

　　眼角眉山横不尽。昨夜晴波,今日花堆阵。小试春茶依旧困。闲来容易添新恨。

　　欲卷衣裳谁与问。云里芳笺,云外催成信。拟对清欢愁半寸。来生会比今生近。

**附:蝶恋花·卷絮风头寒欲尽(赵令畤原韵)**
　　卷絮风头寒欲尽。坠粉飘红,日日香成阵。新酒又添残酒困。今春不减前春恨。

　　蝶去莺飞无处问。隔水高楼,望断双鱼信。恼乱横波秋一寸。斜阳只与黄昏近。

## 好事近·暑中
——用朱敦儒韵

本无病无灾,吃甚么胡方药。执着真心正气,任再多劳缚。

且随老子骑青牛,有后知先觉。当下云游自在,会苦中作乐。

### 附:好事近·我不是神仙(朱敦儒原韵)

我不是神仙,不会炼丹烧药。只是爱闲耽酒,畏浮名拘缚。

种成桃李一园花,真处怕人觉。受用现前活计,且行歌行乐。

## 西江月·入定
——用朱敦儒韵

天上难逢野鹤,山中好遇闲云。无边风月正无心,背手听天由命。

世事寻常已惯,红颜八九如新。诗书越老越相亲。待与黄昏入定。

### 附:西江月·世事短如春梦(朱敦儒原韵)

世事短如春梦,人情薄似秋云。不须计较苦劳心,万事原来有命。

幸遇三杯酒好,况逢一朵花新。片时欢笑且相亲,明日阴晴未定。

## 西江月·因果
——用朱敦儒韵

桑结一生法坐,天峰万里祥云。世间变幻只如心,莫问身家性命。

地水火风不灭,耳舌鼻眼长新。坛城里外最相亲,因果无形入定。

**附:西江月·世事短如春梦(朱敦儒原韵)同前,略**

## 鹧鸪天·柳郎
——用朱敦儒韵

莫怪苏郎怪柳郎,当年天子让狷狂。自从唐后无诗骨,却在花间有乐章。

词半阕,酒三觞,青楼巷陌且称王。大江东去由它去,风雨霖铃过洛阳。

### 附:鹧鸪天·西都作(朱敦儒原韵)

我是清都山水郎,天教分付与疏狂。曾批给雨支风券,累上留云借月章。

诗万首,酒千觞,几曾着眼看侯王?玉楼金阙慵归去,且插梅花醉洛阳。

## 鹧鸪天·宋事
### ——用李清照韵

还我河山漫作柔，临安偏隅愿长留。已无故国休回首，尚有富春江上流。

梅花苦，桂花羞，开封犹在过中秋。勾栏天子师师梦，赢得香魂死后收。

### 附：鹧鸪天·桂花（李清照原韵）

暗淡轻黄体性柔，情疏迹远只香留。何须浅碧深红色，自是花中第一流。

梅定妒，菊应羞，画阑开处冠中秋。骚人可煞无情思，何事当年不见收。

## 一剪梅·天命
### ——用李清照韵

人在天涯都是秋。满眼云烟，一叶扁舟。江湖最怕又重来，雨打黄花，月照青楼。

一寸光阴四海流，对对霜颜，片片轻愁。也无痛快也无忧，白了人头，荒了年头。

### 附：一剪梅·红藕相残玉簟秋（李清照原韵）

红藕相残玉簟秋。轻解罗裳，独上兰舟。云中谁寄锦书来？雁字回时，月满西楼。

花自飘零水自流。一种相思，两处闲愁。此情无计可消除，才下眉头，却上心头。

## 南歌子·刑衣
——用李清照韵

做鬼心应窄,做人头要垂。似人似鬼两相滋。人鬼原来一样、各容其。

世界何其大,宗林已半稀。醒来不见旧刑衣。莫怪人生易老、少年时。

### 附：南歌子·天上星河转（李清照原韵）

天上星河转,人间帘幕垂。凉生枕簟泪痕滋。起解罗衣聊问、夜何其。

翠贴莲蓬小,金销藕叶稀。旧时天气旧时衣。只有情怀不似、旧家时。

## 声声慢·无非
——用李清照韵

英雄无觅,竖子无谋,麻烦多少外戚。莫怪太监当道,时乱时息。恍然家国演义,草莽间、几曾心急。一代代,也无非,都是似曾相识。

呼尔酒徒云积,长鼻吸,虹霓只如倒摘。万古无情,一片风云漆黑。醉里挑灯看剑,种树书、清泪黯滴。又如何？忘却江山最难得。

### 附：声声慢·寻寻觅觅（李清照原韵）

寻寻觅觅,冷冷清清,凄凄惨惨戚戚。乍暖还寒时候,最难将息。三杯两盏淡酒,怎敌他、晚来风急！雁过也,正

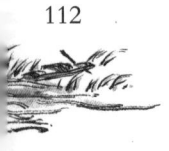

伤心,却是旧时相识。

满地黄花堆积,憔悴损,如今有谁堪摘?守着窗儿,独自怎生得黑!梧桐更兼细雨,到黄昏、点点滴滴。这次第,怎一个愁字了得!

## 一剪梅·春时
——用李清照韵

特遣春来放过秋。心似行云,身似行舟。南风一夜到江东,油菜花开,香满笛楼。

欸乃一声春水流。不为己忧,不为人愁。余生都在画中游,过了山头,到了云头。

**附:一剪梅·红藕相残玉簟秋(李清照原韵)同前,略**

## 南歌子·木鱼
——用李清照韵

非是佛天远,可怜星夜垂。寒于此际冷于滋。试问神仙何在、竟归其。

大道良人少,孤魂野鬼稀。为君月下挂僧衣。谁把木鱼敲破、暮年时。

**附:南歌子·天上星河转(李清照原韵)同前,略**

## 如梦令·春酒
### ——用李清照韵

忆昔影遥光骤,共盏当年春酒。都是画中人,只有酸风如旧。当否,当否?害得地荒天瘦。

**附:如梦令·昨夜雨疏风骤(李清照原韵)**

昨夜雨疏风骤,浓睡不消残酒。试问卷帘人,却道海棠依旧。知否,知否?应是绿肥红瘦。

## 踏莎行·雪梅
### ——用吕本中韵

那里的梅,谁家的雪,千人万口都夸绝。待留一句我怜君,为君认得当年月。

不是无情,只因有节,人间独美不该说。花开雪落自天时,骚人翻作伤离别。

**附:踏莎行·雪似梅花(吕本中原韵)**

雪似梅花,梅花似雪。似和不似都奇绝。恼人风味阿谁知?请君问取南楼月。

记得去年,探梅时节。老来旧事无人说。为谁醉倒为谁醒?到今犹恨轻离别。

## 踏莎行·春月
——用吕本中词韵

我已着梅,君应带雪,补天颜色双双绝。云霄之上更无花,可怜一夕清虚月。

转过头来,伤春时节,多情只似无情说。风雷雨雪奈何天,岂唯月色重离别。

**附:踏莎行·雪似梅花(吕本中原韵)同前,略**

## 书愤
——用陆游韵

身外风流心内艰,人生一步一翻山。
等闲平地生沧海,何况哀兵过险关。
龙马失蹄缰紧紧,子规啼血泪斑斑。
神游天外无穷事,家在星河宙宇间。

**附:书愤(陆游原韵)**
早岁那知世事艰,中原北望气如山。
楼船夜雪瓜州渡,铁马秋风大散关。
塞上长城空自许,镜中衰鬓已先斑。
出师一表真名世,千载谁堪伯仲间。

# 木兰花·立春
## ——用陆游韵

寻常日日家山道,斜系麻袍歪戴帽。
不知寒尽已春生,只怪村头多稗草。
多晴不若无晴好,岭上春风风已倒。
君归何处庙堂高,我在青山能不老。

### 附:木兰花·立春日作(陆游原韵)

三年流落巴山道,破尽青衫尘满帽。
身如西瀼渡头云,愁抵瞿塘关上草。
春盘春酒年年好,试戴银旛判醉倒。
今朝一岁大家添,不是人间偏我老。

# 清明
## ——用陆游韵

春来又见美人纱,不似去年旧芳华。
苏小小在何处死,陈圆圆是谁家花。
贫道几曾能相面,老僧何必也喝茶。
不如大梦尘网里,随意清明过酒家。

### 附:临安春雨初霁(陆游原韵)

世味年来薄似纱,谁令骑马客京华。
小楼一夜听春雨,深巷明朝卖杏花。
矮纸斜行闲作草,晴窗细乳戏分茶。
素衣莫起风尘叹,犹及清明可到家。

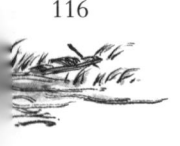

## 山居
——用陆游韵

山上闲云弄雨痕,未经云雨也销魂。
梨花满地无人扫,月下禅房虚掩门。

**附:剑门道中遇微雨(陆游原韵)**
衣上征尘杂酒痕,远游无处不销魂。
此身合是诗人未?细雨骑驴入剑门。

## 千山暮雪
——用陆游韵

无事冬来换锦纱,关东不似旧芳华。
一年风景藏云鬓,半世光阴付雪花。
已绝伤心拼命酒,犹怜清骨断肠茶。
山中别是催人老,月下寒鸦落我家。

**附:临安春雨初霁(陆游原韵)同前,略**

## 浪淘沙·问道
——用辛弃疾韵

问道九霄中,过眼云空。玉皇何不识英雄?花果山中水帘洞,大闹天宫。
误入百花丛,心事匆匆。无非暮鼓与晨钟。试问如来何

日醒？秋月春风。

### 附：浪淘沙·山寺夜半闻钟（辛弃疾原韵）

身世酒杯中，万事皆空。古来三五个英雄。雨打风吹何处是，汉殿秦宫。

梦入少年丛，歌舞匆匆。老僧夜半误鸣钟。惊起西窗眠不得，卷地西风。

## 鹧鸪天·星河
—— 用辛弃疾韵

别是人间有别愁。星河越远越轻柔。风云岂合偏长尾，日月无非最小头。

情不老，恨该收。无边黑洞起空楼。百年一瞬都不够，什么自由不自由。

### 附：鹧鸪天·代人赋（辛弃疾原韵）

晚日寒鸦一片愁。柳塘新绿却温柔。若教眼底无离恨，不信人间有白头。

肠已断，泪难收。相思重上小红楼。情知已被山遮断，频倚阑干不自由。

## 丑奴儿·老秋
—— 用辛弃疾韵

庙堂偏爱江湖好，楼外红楼。楼外青楼，一点朱砂半

点愁。

江湖错爱庙堂远,愁也无休。羞也无休,个中风流似老秋。

**附:丑奴儿·书博山道中壁(辛弃疾原韵)**

少年不识愁滋味,爱上层楼。爱上层楼,为赋新词强说愁。

而今识尽愁滋味,欲说还休。欲说还休,却道天凉好个秋。

## 鹧鸪天·自由
——用辛弃疾韵

路过人间放过愁,清辉万里桂花楼。当年帝子应无恙,只拟相逢雪满头。

歌无尽,酒无休,天生傲骨去王侯。心无一物风云散,甚么自由不自由。

**附:鹧鸪天·欲上高楼去避愁(辛弃疾原韵)**

欲上高楼去避愁,愁还随我上高楼。经行几处江山改,多少亲朋尽白头。

归休去,去归休。不成人总要封侯?浮云出处元无定,得似浮云也自由。

大雪海心冒邑拂面来
新雷
壬春月
本山冠书诗句

## 西江月·秋水
——用辛弃疾韵

万事白头不见,一生侠胆都衰。花开花落但长宜,别有人间堪睡。

学问都归天外,工夫懒得心支。老来只管唤风儿,给我吹吹秋水。

### 附:西江月·示儿曹以家事付之(辛弃疾原韵)
万事云烟忽过,一身蒲柳先衰。而今何事最相宜,宜醉宜游宜睡。

早趁催科了纳,更量出入收支。乃翁依旧管些儿,管竹管山管水。

## 青玉案·松柏
——用辛弃疾韵

天生北国无花树,雪中生,风兼雨。别是人间寻大路。欠玉皇债,欠阎王命,今夜银河舞。

莫愁白发丝成缕,小小环球任来去。生而非人真气度,百年何似,万年何似,都在无言处。

### 附:青玉案·元夕(辛弃疾原韵)
东风夜放花千树,更吹落、星如雨。宝马雕车香满路。凤箫声动,玉壶光转,一夜鱼龙舞。

蛾儿雪柳黄金缕,笑语盈盈暗香去。众里寻他千百度,蓦然回首,那人却在,灯火阑珊处。

## 沁园春·祭酒
——用辛弃疾韵

　　杯酒当年,何似今朝,放浪形骸。任逍遥日月,无关云雨;悠游天地,只道风雷。恍乎心头,超然物外,何处行尸何处埋?问天下,汝今为老几,且共欢哉!

　　应怜生死为媒。却放过八仙君莫猜。已出离三境,有情有爱;重回五德,无病无灾。醉也无非,无牵无挂,却似空空泪满杯。都无恙,但白头知己,老亦能来。

### 附:沁园春·将止酒戒酒杯使勿近(辛弃疾原韵)

　　杯汝来前!老子今朝,点检形骸。甚长年抱渴,咽如焦釜;于今喜睡,气似奔雷。汝说"刘伶,古今达者,醉后何妨死便埋"。浑如此,叹汝于知,真少恩哉!

　　更凭歌舞为媒。算合作平居鸩毒猜。况怨无大小,生于所爱;物无美恶,过则为灾。与汝成言,勿留亟退,吾力犹能肆汝杯。杯再拜,道麾之即去,招则须来。

## 水龙吟·清明抒怀
——用辛弃疾韵

　　与人未解功名,沧溟谁是操盘手?云高无眼,天低无力,新来怀旧。日去何方,月归何处,星移柄首。岂小儿家国,寰球凉热,操心事、天知否?

　　任尔龙争虎斗,不相干、几番昏昼。把心向内,遣情向外,御风飞走。问道无由,谈诗无语,只如花酒。倩何人,相向而行得见,我增君寿。

**附：水龙吟·甲辰岁寿韩南涧尚书（辛弃疾原韵）**

渡江天马南来，几人真是经纶手？长安父老，新亭风景，可怜依旧。夷甫诸人，神州沉陆，几曾回首！算平戎万里，功名本是、真儒事、君知否？

况有文章山斗，对桐阴、满庭清昼。当年堕地，而今试看，风云奔走。绿野风烟，平泉草木，东山歌酒。待他年，整顿乾坤事了，为先生寿。

## 水龙吟·沈园
### ——用辛弃疾韵

满城风雨无期，沈园不见红酥手。章台闲柳，兰亭残月，当年依旧。记得青丝，自从别后，已成白首。任阴阳双隔，香魂不散，君应怪、天知否？

北斗渐成南斗，怅流云、也欺昏昼。朱颜镜里，小轩窗外，蝶飞鸳走。病里余生，花间词话，几曾别酒。梦中人，料得醒来春后，伤一分寿。

**附：水龙吟·甲辰岁寿韩南涧尚书（辛弃疾原韵）同前，略**

## 水龙吟·天外
### ——用辛弃疾韵

人间来去多情，百年弹指消生际。海空一色，星移斗转，漫天霜霿。宙宇飞人，江湖闲客，谁家游子。对玉壶光影，清宵云色，空荡荡，应如意。

试问银河堪脍，更长钩，鹊桥通未？盈虚流度，光年不远，罡风元气。怕见星星，打开天外，纷纷来此。到头来悲喜，都成无奈，眼空无泪。

**附：水龙吟·登建康赏心亭（辛弃疾原韵）**
　　楚天千里清秋，水随天去秋无际。遥岑远目，献愁供恨，玉簪螺髻。落日楼头，断鸿声里，江南游子。把吴钩看了，栏杆拍遍，无人会，登临意。
　　休说鲈鱼堪脍，尽西风，季鹰归未？求田问舍，怕应羞见，刘郎才气。可惜流年，忧愁风雨，树犹如此！倩何人唤取，红巾翠袖，揾英雄泪！

# 水龙吟·抒怀
## ——用辛弃疾韵

　　我生华夏神州，五千年里风云际。星河列列，英雄豪杰，可堪云髻。指点江山，激扬文字，是为才子。纵身怀天下，心忧家国，几人识，当时意。
　　难得糊涂如脍，竖子谋，计安排未？无名无利，无荣无辱，只拥罡气。有教天成，人皆无类，后来如此。况霜颜白发，髀肉复生，饮多清泪。

**附：水龙吟·登建康赏心亭（辛弃疾原韵）同前，略**

## 鹧鸪天·庚子立春
——用辛弃疾韵

一点梅心恁发芽,春风初立雪依些。千家今夜添新岁,万户明朝少墨鸦。

云已近,岭方斜。当年白鹤去谁家。若非群玉山头见,可惜闲着腊月花。

### 附:鹧鸪天·陌上柔桑破嫩芽(辛弃疾原韵)

陌上柔桑破嫩芽,东邻蚕种已生些。平冈细草鸣黄犊,斜日寒林点暮鸦。

山远近,路横斜,青旗沽酒有人家。城中桃李愁风雨,春在溪头荠菜花。

## 永遇乐·横道河子
——用辛弃疾韵

别有人间,问君何在,白云深处。岭上云飞,松间月落,黄鸟知何去。百年老屋,千年老树,尚有老儿闲住。待冬来,雪原林海,属于东北猛虎。

江山如画,人生如梦,画梦一时兼顾。到此重生,洗心革面,忘记来时路。想当然也,似多情也,不要晨钟暮鼓。崔公子,人间不够,岂重生否?

### 附:永遇乐·京口北固亭怀古(辛弃疾原韵)

千古江山,英雄无觅,孙仲谋处。舞榭歌台,风流总被,雨打风吹去。斜阳草树,寻常巷陌,人道寄奴曾住。想

当年,金戈铁马,气吞万里如虎。

　　元嘉草草,封狼居胥,赢得仓皇北顾。四十三年,望中犹记,烽火扬州路。可堪回首,佛狸祠下,一片神鸦社鼓。凭谁问:廉颇老矣,尚能饭否?

## 鹧鸪天·诗坛
### ——用辛弃疾韵

　　李杜苏辛泪已干,如今诗事是盒餐。诗词大会如开水,经典流传似晚山。

　　根底浅,沐猴般,全民歌赋尽穷欢。离骚将进东篱酒,不似当年行路难。

#### 附:鹧鸪天·送人(辛弃疾原韵)

　　唱彻《阳关》泪未干,功名余事且加餐。浮天水送无穷树,带雨云埋一半山。

　　今古恨,几千般,只应离合是悲欢?江头未是风波恶,别有人间行路难!

## 永遇乐·遣兴
### ——用辛弃疾韵

　　落尽繁华,人生无恙,情销何处?千百年来,悲欢故事,只大江东去。帝王将相,佳人才子,几个能留得住?懒回头,江山沉寂,偶然羞见笼虎。

　　茫茫宙宇,光年如电,未若孩儿思顾。老尽功名,可怜

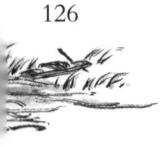

一瞬,也是无归路。为君哭罢,为君笑罢,天外曾留石鼓。浑如梦,几人醒得,尔能共否?

**附:永遇乐·京口北固亭怀古(辛弃疾原韵)同前,略**

## 太常引·回头
——用辛弃疾韵

长风万里泻清波,佳节更消磨。月影出青娥,君不见、悲欢几何?

抬头万古,低头万古,都是漫长河。忍不住摩娑,菩萨说:回头者多。

**附:太常引·建康中秋夜为吕叔潜赋(辛弃疾原韵)**

一轮秋影转金波,飞镜又重磨。把酒问姮娥:被白发,欺人奈何?

乘风好去,长空万里,直下看山河。斫去桂婆娑,人道是、清光更多。

## 丑奴儿·既望
——用辛弃疾韵

天涯过客皆依旧,独上高楼。独上高楼,明月何曾放过愁。

空林幽发广陵散,风也休休。雨也休休,千百年前一老秋。

附：丑奴儿·书博山道中壁（辛弃疾原韵）同前，略

## 摸鱼儿·金刚
——用辛弃疾韵

最无情、这般春雨，不如随着它去。无边天地水云湿，记得别时天数。留不住，千山里，依稀犹似寻芳路。与何人语，闲共惹轻愁，一川杨柳，正寂寞生絮。

当年事，梦里花期堪误。人间没个能妒。春湖曾作横长赋，每每与君倾诉。蝶且舞，香已没，尘归尘后土归土。金刚不苦，看风雨啼痕，何人来拜，魂断雁丘处。

附：摸鱼儿·更能消几番风雨（辛弃疾原韵）
更能消、几番风雨，匆匆春又归去。惜春长怕花开早，何况落红无数。春且住，见说道、天涯芳草无归路。怨春不语。算只有殷勤，画檐蛛网，尽日惹飞絮。

长门事，准拟佳期又误。蛾眉曾有人妒。千金纵买相如赋，脉脉此情谁诉？君莫舞，君不见、玉环飞燕皆尘土！闲愁最苦！休去倚危栏，斜阳正在，烟柳断肠处。

## 汉宫春·问道
——用辛弃疾韵

问道先生，后儒家泛滥，佛法经幡。胜似钵粥棉絮，能解饥寒。渊流各自，读书人惆怅南园。认不得，天王老子，灵犀都在香盘。

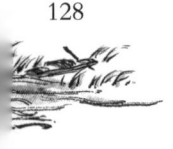

千古无非功过，只惹一身气，换一时闲。逢人便说三立，也作无颜。谁家规矩，放不开剑扣刀环。且看那、文宗武帝，沙丘一去难还。

### 附：汉宫春·立春日（辛弃疾原韵）

春已归来，看美人头上，袅袅春幡。无端风雨，未肯收尽余寒。年时燕子，料今宵梦到西园。浑未办，黄柑荐酒，更传青韭堆盘。

却笑东风从此，便薰梅染柳，更没些闲。闲时又来镜里，转变朱颜。清愁不断，问何人会解连环。生怕见、花开花落，朝来塞雁先还。


## 贺新郎·君子
—— 用辛弃疾韵

万念皆休矣。算而今、向隅萧瑟，古来能几？又见郎中头飞雪，都是人家心事。笑京左、一番欢喜。忆昔悠游多叛道，有谁知、怨怨非非是。辜负酒，泪应似。

相逢已是禅堂里。问登科、世刚安好，风尘滋味。大限来时拈花笑，前世今生道理。又转世、真香闻起。地北天南皆过客，孽缘身、为度功名耳。能放下，真君子。

### 附：贺新郎·甚矣吾衰矣（辛弃疾原韵）

甚矣吾衰矣。怅平生、交游零落，只今余几！白发空垂三千丈，一笑人间万事。问何物、能令公喜？我见青山多妩媚，料青山见我应如是。情与貌，略相似。

一尊搔首东窗里。想渊明、《停云》诗就，此时风味。

山上閑雲雨弄
雨痕未住
雲雨也銷魂
桑花滿地
无人掃月下
禪房虛掩門
寒山覺古詩

江左沉酣求名者，岂识浊醪妙理。回首叫、云飞风起。不恨古人吾不见，恨古人不见吾狂耳。知我者，二三子。

## 致雪春
### ——用卢梅坡韵

天地之间有鬼神，鬼神之外是诗人。
雪梅本是无情物，待我诗成便是春。

### 附：雪梅·其二（卢梅坡原韵）
有梅无雪不精神，有雪无诗俗了人。
日暮诗成天又雪，与梅并作十分春。

## 鹊桥仙·做你
### ——用蜀伎韵

春花秋月，风霜雨雪，都在香笺彩纸。隔山隔水不隔心，天塌下、又能怎底？

匆匆来也，匆匆去也，只为一人憔悴。此生与你已无情，只盼得、来生做你。

### 附：鹊桥仙·说盟说誓（蜀伎原韵）
说盟说誓，说情说意，动便春愁满纸。多应念得脱空经，是那个、先生教的？

不茶不饭，不言不语，一味供他憔悴。相思已是不曾闲，又那得、功夫咒你。

## 鹊桥仙·说誓
——用宋蜀伎韵

　　山盟海誓，云情雨意，都在荒唐信纸。只消半日不归时，便扔在、草笼箱底。

　　饿着吃饭，闲着打语，那有一天憔悴？分明影字已模糊，却还说、十分想你。

**附：鹊桥仙·说盟说誓（蜀伎原韵）同前，略**

## 醉花阴·无花
——用陈亮韵

　　多少新禅和老寺。真个通佛意。武帝武宗来，不似无辜，犯了皇家事。

　　山中好引秋波媚。共作尊前醉。秘法入迷踪，转世谁能，法外花无伎。

### 附：醉花阴（陈亮原韵）

　　峻极云端潇洒寺。赋我登高意。好景属清游，玉友黄花，谩续龙山事。

　　秋风满座芝兰媚。杯酒随宜醉。行乐任天真，一笑和同，休问无携伎。

## 唐多令·悠游
——用刘过韵

九五派州洲,今古会中流。有闲人最怕登楼。月下拂尘犹未满,谁共影,不伤秋。

划地却低头,天涯行遍否?更那堪强作新愁。夫子文章无用处,明日起,漫长游。

### 附:唐多令·芦叶满汀洲(刘过原韵)

芦叶满汀洲,寒沙带浅流。二十年重过南楼。柳下系船犹未稳,能几日,又中秋。

黄鹤断矶头,故人今在否?旧江山浑是新愁。欲买桂花同载酒,终不似,少年游。


## 贺新郎·雪夜
——用刘克庄韵

一睡到天黑。又三更、依然属我,渐从头织。比类喧喧无大事,可惜羲娲规尺。难入眼,满天铅色。风雪此翻又何必,只寻常、去做冰川滴。千万里,遗行迹。

向人可惜操刀笔,懒回头、行行字字,萧萧瑟瑟。漫有心思天之外,只似人间过客。辜负酒,都从诗出。莫道天涯成远别,且空心、比死还先寂。谁共我,去行匿。

### 附:贺新郎·九日(刘克庄原韵)

湛湛长空黑。更那堪、斜风细雨,乱愁如织。老眼平生空四海,赖有高楼百尺。看浩荡、千崖秋色。白发书生神州

泪,尽凄凉、不向牛山滴。追往事,去无迹。

少年自负凌云笔。到而今、春华落尽,满怀萧瑟。常恨世人新意少,爱说南朝狂客。把破帽、年年拈出。若对黄花辜负酒,怕黄花、也笑人岑寂。鸿北去,日西匿。

## 玉楼春·北望
——用刘克庄韵

几曾赢得功名市。北望中原谁与寄。衰年尚且弄风云,不似君王长夜寐。

江山图画皆盟字。家国已非天下事。呼卢一样也消愁,未必征人齐落泪。

### 附:玉楼春·戏林推(刘克庄原韵)

年年跃马长安市。客舍似家家似寄。青钱换酒日无何,红烛呼卢宵不寐。

易挑锦妇机中字。难得玉人心下事。男儿西北有神州,莫滴水西桥畔泪。

## 沁园春·沙县
——用赵以夫韵

天地开怀,日月轮回,与吾者三。看朝来暮去,岂能留住;鸟飞花谢,无意相参。王母昆仑,玉皇东海,不似西游也不堪。都无恙,只人间路过,邂逅沙县。

香岩,青出于蓝。念家在辽东过岭南。只半世徒劳,流

光虚度；一身无碍，世景空涵。酒不醉人，诗能解恨，唯我独居睡大酣。都过了，剩江湖遗梦，摇落星潭。

### 附：沁园春·自鄞归赋（赵以夫原韵）

客问吾年，吾将老矣，今五十三。似北海先生，过之又过；善财童子，参到无参。官路太行，世情沧海，何止嵇康七不堪。归来也，是休官令尹，有发瞿昙。

千岩。秀色如蓝。新著个楼儿恰对南。看浮云自在，百般态度；长江无际，一碧虚涵。荔子江珧，莼羹鲈鲙，一曲春风酒半酣。凭阑处，正空流皓月，光满寒潭。

## 临江仙·千山
### ——用元好问韵

自古辽阳山水重，引来无数豪雄。滔滔往事大河东。千年留胜迹，万里见飞鸿。

非是人间偏我老，悲欢尚有天公。谁敲暮鼓听晨钟？莫关风月事，只与鬼神通。

### 附：临江仙·自洛阳往孟津道中作（元好问原韵）

今古北邙山下路，黄尘老尽英雄。人生长恨水长东。幽怀谁共语？远目送归鸿。

盖世功名将底用，从前错怨天公。浩歌一曲酒千钟。男儿行处是，未要论穷通。

## 临江仙·北邙
### ——用元好问韵

万里山河依旧在，埋了无数英雄。一轮红日正朝东。风中留胜迹，天上见飞鸿。

代代帝王图霸业，将军最好封公。如今暮鼓又晨钟。几多遗憾事，说与鬼神通。

**附：临江仙·自洛阳往孟津道中作（元好问原韵）同前，略**

## 夜游宫·酒歌
### ——用吴文英韵

才子风流杳杳。怅代代、江山如觉。送别英雄自昏晓。美人悲，问西风，已了了。

白发空生早。恨万里、知音堪少。去国漫游蜀山道。向天歌，未开颜，怎心老。

**附：夜游宫·人去西楼雁杳（吴文英原韵）**

人去西楼雁杳。叙别梦、扬州一觉。云澹星疏楚山晓。听啼乌，立河桥，话未了。

雨外蛩声早。细织就、霜丝多少。说与萧娘未知道。向长安，对秋灯，几人老。

## 鹧鸪天·家山
——用吴文英韵

南斗依稀北斗阑,经天纬地去应还。八千里路心难老,四十余年气自闲。

身已懒,路长宽。风光最好是家山。仙台但坐朝云上,野鹤抚琴夕照间。

### 附:鹧鸪天·化度寺作(吴文英原韵)
池上红衣伴倚阑,栖鸦常带夕阳还。殷云度雨疏桐落,明月生凉宝扇闲。

乡梦窄,水天宽。小窗愁黛淡秋山。吴鸿好为传归信,杨柳闾门屋数间。

## 莺啼序·黄鹤游
——用吴文英韵

年来断魂依旧,正关窗闭户。听鸦事、不见人踪,又是厌厌朝暮。冬未去、依稀元夕,那堪月影上枯树。起身来、对影应怜,几回吹絮。

不似当年,江山初雪,着尘寰紫雾。白房子、只在梦中,番番念念槁素。水湾湾、春湖倦马,有红碧,残云几缕。误几回,遇见农夫,却惊村鹭。

似应记得,千里东湖,角门化苦旅。未能隔、珞珈山下,老屋芳草,樱落黄昏,闲云戏雨。朱家金冠,吴王宝剑,五月花里双栖宿。过山庄、菱角黄梅渡。小莲仿佛,柳园春色南寻,泪染塘上芳土。江南诸暨,曾浣沙溪,五泄绕萝苎。

似相识，富春江水，软语轻音，散尽风流，馆娃歌舞。西湖仍是，断桥残雪，别离应似伤千古，倩何人，依旧弹筝柱。平生不负风云，此去何年，黄鹤在否？

### 附：莺啼序·春晚感怀（吴文英原韵）

残寒正欺病酒，掩沉香绣户。燕来晚、飞入西城，似说春事迟暮。画船载、清明过却，晴烟冉冉吴宫树。念羁情、游荡随风，化为轻絮。

十载西湖，傍柳系马，趁娇尘软雾。溯红渐、招入仙溪，锦儿偷寄幽素。倚银屏、春宽梦窄，断红湿、歌纨金缕。暝堤空，轻把斜阳，总还鸥鹭。

幽兰旋老，杜若还生，水乡尚寄旅。别后访、六桥无信，事往花委，瘗玉埋香，几番风雨。长波妒盼，遥山羞黛，渔灯分影春江宿。记当时、短楫桃根渡。青楼仿佛，临分败壁题诗，泪墨惨淡尘土。

危亭望极，草色天涯，叹鬓侵半苎。暗点检、离痕欢唾，尚染鲛绡，亸凤迷归，破鸾慵舞。殷勤待写，书中长恨，蓝霞辽海沉过雁。漫相思、弹入哀筝柱。伤心千里江南，怨曲重招，断魂在否？

## 夜游宫·春眠
### ——用吴文英词韵

昨日恍然杳杳，留恋处、依稀春觉。云上莲苞正初晓。似人间，似江南，情未了。

曾共君行早。有白屋、不知年少。万水千山万千道。问春风，问秋风，人已老。

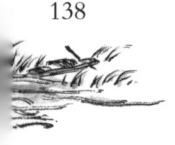

附：夜游宫·人去西楼雁杳（吴文英原韵）同前，略

## 虞美人·流年
——用蒋捷韵

少年纵酒春台上，日日销魂帐。壮年搏酒庙堂中，夜夜笙歌、白眼对时风。

而今对酒茅檐下，闻者知乎也。人情绝后始通情，半个闲人、半个月儿明。

### 附：虞美人·听雨（蒋捷原韵）
少年听雨歌楼上，红烛昏罗帐。壮年听雨客舟中，江阔云低、断雁叫西风。

而今听雨僧庐下，鬓已星星也。悲欢离合总无情，一任阶前、点滴到天明。

## 沁园春·芥雨轩
——用蒋捷韵

诸子无形，弃我去也，剩此草庐。也无院无门，蓬蒿老柏；有情有趣，瓜果时蔬。麻雀嫌贫，花猫爱破，卖了羸牛烧了车。徒四壁，下一场大雪，自卧冰菓。

孤魂到此何如？唤野鬼、吟诗弄酒欤。怕傻子无辜，买一些字；狂徒有罪，卖几多书。那管春秋，只交天地，生死茫茫三大居。又何必，作人间笑话，天上飞裾。

嘉陵遇樵分野松颸風不動雲宿木誰邊鳥池那個樹樹月下聞歎覽南山詩意

**附：沁园春·为老人书南堂壁（蒋捷原韵）**

老子平生，辛勤几年，始有此庐。也学那陶潜，篱栽些菊；依他杜甫，园种些蔬。除了雕梁，肯容紫燕，谁管门前长者车。怪近日，把一庭明月，却借伊渠。

鬓边白发纷如，又何苦、招宾纳客欤？但夏榻宵眠，面风鼓枕；冬檐昼短，背日观书。若有人寻，只教僮道，这屋主人今自居。休羡彼，有摇金宝辔，织翠华裾。

## 虞美人·当年
——用蒋捷韵

去年昨日人如海，争个风流债。今年今日此门中，人面桃花、不若去年红。

明年明日人应在，或恐青音改。何年何日更重来，却话当年、多似不应该。

**附：虞美人·听雨（蒋捷原韵）同前，略**

## 天净沙·白石
——用马致远韵

江南画里晨鸦，太湖梦里谁家？白石道人舟马。当年桥下，合肥芍药生涯。

**附：天净沙·秋思（马致远原韵）**

枯藤老树昏鸦，小桥流水人家，古道西风瘦马。夕阳西下，断肠人在天涯。

## 咏史
——用高启韵

司马何如御史台，知州知县为谁栽。
合该今日将军死，不是当初太子来。
又值朱门生荒草，几回丹陛长新苔。
秦皇汉武风流尽，陶俑金茎和露开。

**附：梅花九首·其一（高启原韵）**
琼姿只合在瑶台，谁向江南处处栽？
雪满山中高士卧，月明林下美人来。
寒依疏影萧萧竹，春掩残香漠漠苔。
自去何郎无好咏，东风愁寂几回开。

## 三台
——用高启韵

瑶台辗转到灵台，天上仙枝地下栽。
雾里星河如电去，尘中鬼影似风来。
一分瘦骨一分泪，半是青灰半是苔。
若到兰台同走马，梨花万朵为君开。

**附：梅花九首·其一（高启原韵）同前，略**

## 临江仙·比泪
——用杨慎韵

莫把文人侉曲赋,诗词只属英雄。东坡太白已成空。生灵涂炭事,比泪最先红。

千载功名非笑话,一朝得意春风。若能地下肯相逢,饶他唐力士,还是宋郎中。

### 附：临江仙·滚滚长江东逝水（杨慎原韵）

滚滚长江东逝水,浪花淘尽英雄。是非成败转头空。青山依旧在,几度夕阳红。

白发渔樵江渚上,惯看秋月春风。一壶浊酒喜相逢。古今多少事,都付笑谈中。


## 临江仙·鸿沟
——用杨慎韵

无古无今无限恨,红尘埋尽豪雄。已抛惆怅入云空,人间缺憾事,天上剩残红。

骂遍韦编三绝易,合该草莽当风。若非地下肯重逢,荥阳焚纪信,天下有无中。

### 附：临江仙·滚滚长江东逝水（杨慎原韵）同前,略

## 哀容若
### ——用纳兰性德词意

卿家何苦做诗人，做了诗人失了魂。
不是卿家诗不好，只因儿女太天真。
人生若只如初见，君做我来我做君。
三百年前相约等，为君长叹到如今。

**附：木兰花·拟古决绝词柬友（纳兰性德原韵）**

　　人生若只如初见，何事秋风悲画扇。等闲变却故人心，却道故人心易变。

　　骊山语罢清宵半，泪雨霖铃终不怨。何如薄幸锦衣郎，比翼连枝当日愿。

## 浣溪沙·衰年
### ——用纳兰性德韵

只道花愁和月怜，人生几度奈何天。别君长叹更衰年。
空有诗词高格调，难逢唐宋旧云烟。冷杯残烛玉堂前。

**附：浣溪沙·谁道飘零不可怜（纳兰性德原韵）**

　　谁道飘零不可怜，旧游时节好花天。断肠人去自经年。
　　一片晕红才著雨，几丝柔绿乍和烟。倩魂销尽夕阳前。

## 虞美人·静庵诔
——用王国维韵

山重水复疑无路，柳暗花明误。蓦然回首病魂销，独上高楼望尽海宁娇。

如今湖水昆明在，衣带应先悔。百无一死报君恩，灯火阑珊骗了读书人。

### 附：虞美人·碧苔深锁长门路（王国维原韵）

碧苔深锁长门路，总为蛾眉误。自来积毁骨能销，何况真红一点臂砂娇。

妾身但使分明在，肯把朱颜悔。从今不复梦承恩，且自簪花坐赏镜中人。

## 蝶恋花·静庵叹
——用王国维韵

死便安宁生便苦，何必清流，葬汝花些许。路过人间能呓语，无情物里无穷暮。

若到汨罗应共诉，哭遍江南，摇曳风中缕。此去匆匆留晚住，三更月下梧桐树。

### 附：蝶恋花·阅尽天涯离别苦（王国维原韵）

阅尽天涯离别苦，不道归来，零落花如许。花底相看无一语，绿窗春与天俱暮。

待把相思灯下诉，一缕新欢，旧恨千千缕。最是人间留不住，朱颜辞镜花辞树。

## 浣溪沙·闲人
### ——用王国维韵

字外功夫啜酒曛,酒中风物剪城昏。晚凉天气只须云。
浊眼诗书翻旧恨,白头岁月弄新尘。不如做个最闲人。

### 附:浣溪沙·山寺微茫背夕曛(王国维原韵)
山寺微茫背夕曛,鸟飞不到半山昏。上方孤磬定行云。
试上高峰窥皓月,偶开天眼觑红尘。可怜身是眼中人。

## 蝶恋花·悼静安
### ——用王国维韵

鱼藻轩中寻死路,留给后人,一棵参天树。独立精神千万缕,自由思想成迷雾。

芥雨轩中无觅处,有恨无知,不若先君去。学问高兮才大误,人生三境谁堪许?

### 附:蝶恋花·独向沧浪亭外路(王国维原韵)
独向沧浪亭外路,六曲阑干,曲曲垂杨树。展尽鹅黄千万缕,月中并作濛濛雾。

一片流云无觅处,云里疏星,不共云流去。闲置小窗真自误,人间夜色还如许。

### 图书在版编目（CIP）数据

唐诗宋词品玉录/金宝著. —上海：文汇出版社，2022.7
ISBN 978-7-5496-3737-9

Ⅰ.①唐… Ⅱ.①金… Ⅲ.①诗词－作品集－中国－当代 Ⅳ.①I227

中国版本图书馆CIP数据核字（2022）第094063号

## 唐诗宋词品玉录

著　　者 / 金　宝
插　　画 / 黄金鹏
责任编辑 / 吴　斐
装帧设计 / 周　丹

出版发行 / 文匯出版社
　　　　　上海市威海路755号
　　　　　（邮政编码200041）
印刷装订 / 苏州市大元印务有限公司
版　　次 / 2022年7月第1版
印　　次 / 2022年7月第1次印刷
开　　本 / 787×1092　1/16
字　　数 / 50千
印　　张 / 10.25

ISBN 978-7-5496-3737-9
定　　价 / 68.00元